조슈아쌤과 함께 낭독으로 정서지능 높이기

세상에서 가장 느린 마음공부

이혜원

세상에서 가장 느린
마음공부

발 행	2025년 7월 12일
지은이	이혜원
펴낸곳	북인스토리
출판등록	제2024-000101
주 소	서울시 송파구 충민로66, F9088(가든파이브 라이프관)
이메일	bookinstory01@gmail.com
ISBN	979-11-990420-3-2(03810)

도서 캘리그라피 : 승희캘리(@seunghee_calli)
표지 목차 디자인 : 죠엘(@joelle_eunjeong)

이 책은 저작권법에 따라 보호받는 저작물이므로 무단 전제와 복제를 금지합니다.

세상에서 가장 느린 마음공부

이혜원

Bookinstory

추천의 글

제가 아는 이혜원 선생님은 다정하고 단단한 사람입니다.
〈세상에서 가장 느린 마음 공부〉는 선생님처럼 다정하고 따뜻합니다. 자신의 마음을 제대로 바라볼 줄 모르고 위축되고 때론 공격적이기도 한 학생들을 책을 통해 세상으로 나오게 합니다.

선생님의 이야기를 읽다 보면 책을 통해 학생들과 함께 마음을 열어가고 호흡을 맞추어가는 모습이 눈앞에 보이는 것 같습니다. 선생님의 낭독에 귀를 기울이는 아이, 내가 먼저 읽겠다고 나서는 아이, 그림에 빠져드는 아이, 자꾸 질문을 하고 싶어 하는 아이, 그 모습을 사랑스럽게 바라보는 선생님이 도란도란 둘러앉아 함께 책을 읽는 모습이 보이는 것만 같습니다.

〈세상에서 가장 느린 마음 공부〉는 책 낭독이라는 하나의 교수방법을 소개한다기보다 학생과 소통하고 그 학생의 삶을 열어주고 싶은 선생님의 바람이 교육 현장에서 어떻게 구현되는지를 보여주고 있습니다. 학생들의 상황과 수준에 맞게 책을 선택하고, 학생들과 함께 느리지만 꾸준하게 책을 읽어 나가다 보면 아이들이 조금씩 변해갑니다. 학생들이 그 수업을 얼마나 좋아했을까요? '너를 안아주었던 품은 내가 아니라 책이 아니었을까'라고 했지만 제 생각에는 책보다 선생님의 품이 먼저이지 않았을까 싶습니다.

책을 읽고 나서 나도 학생들과 함께 낭랑한 목소리로 책을 읽어 보고 싶다는 생각이 들었습니다. 3부와 4부 책 소개 말미에 제시된 짧은 본문 글을 소리 내어 읽어 보았습니다. 내 목소리가 나에게 전달되고 책 내용이 마음에 들어왔습니다. 여러분들도 〈세상에서 가장 느린 마음 공부〉를 통해 학생들과 함께 하는 낭독의 맛을 알아가 보면 좋을 것 같습니다.

서울나래학교 교장 손유니

'마음을 안다는 것'은 참 쉽지 않은 일입니다. 말로 다 하지 못하는 감정이 있고, 표정으로도 다 전해지지 않는 마음이 있기 때문입니다. 특히 발달장애를 지닌 학생들의 마음은 더 조심스럽고 더 깊이 들여다보아야 보이는 것들이 많습니다. 이 책은 바로 그런 아이들의 마음에 다가가기 위한 따뜻한 시도이며, 섬세한 안내서입니다.

특수교육 현장에서 오랜 시간 아이들과 함께해온 저자는, 발달장애 학생들이 마음을 표현하는 방식에 주목하고, 그 안에서 정서적 신호를 하나하나 포착해서 그들이 전하고자 하는 정서, 표현하고자 애쓰는 언어를 더 잘 들으려 노력해 왔습니다. 그리고 그 경험들을 토대로, 어떻게 하면 우리가 아이들의 감정을 더 잘 이해할 수 있을지, 어떻게 하면 아이들의 마음과 조금 더 가까워질 수 있을지를 이 책에 고스란히 담아냈습니다.

낭독이 좋은 이유, 부모님과 함께 읽기, 교사와 학생이 함께 낭독하며 읽기를 통해 책읽기에 다가가고, 서로가 이해하고 친밀감을 쌓을 수 있는 좋은 방법을 이 책에서는 제시하고 있습니다. 발달장애 아동들이 흥미를 느낄 수 있는 여러 도서를 함께 낭독한 경험 사례도 이 책의 강점으로 추천하고자 합니다.

이 책은 교사에게는 더 깊은 교육의 시선을, 부모에게는 더 따뜻한 이해를, 아이들에게는 더 넓은 수용의 세상을 선물합니다. 독서를 통해 우리는 서로를 조금씩 알아가고, 그 과정을 통해 변화합니다.

책을 함께 읽는 시간은 단순히 정보를 얻는 시간이 아니라, 마음을 공유하는 시간이 되고, 관계를 회복하고 확장하는 시간이 됩니다.

무엇보다 이 책은 빠른 답을 요구하지 않습니다. 천천히 들여다보고, 조심스럽게 마음을 살피며, 기다릴 줄 아는 여유를 이야기합니다. 아이의 눈을 바라보고, 아이의 마음을 상상하며, 아이와 나 사이에 다리를 놓고 싶은 모든 분들께 이 책을 진심으로 추천드립니다.

아직 말로 다 표현하지 못하는 마음들, 그 속에서 피어나는 감정의 작은 불빛들을 이 책과 함께 발견하실 수 있기를 바랍니다. 그리고 그 따뜻한 여정 속에서, 우리 모두가 서로의 마음에 조금 더 가까워질 수 있기를 소망합니다.

삼성중학교 교장 박경희

느리게, 그러나 깊게. 이 책은 언어이해와 표현에 어려움이 있는 중학교 특수학급 학생들과 '슬로우리딩'을 함께 해 온 한 특수교사의 따뜻한 기록입니다. 책 한 권을 천천히, 그러나 오감을 통해 섬세하게 읽으며 학생들이 변화해 가는 모습은 단순한 수업의 성과를 넘어, 교육이 지닌 진심과 기다림의 힘을 보여줍니다. 아이들의 말이 조금씩 길어지고, 생각이 깊어지며, 마음이 열리는 과정을 따라가다 보면 어느새 독자인 우리도 '읽는 사람'이 아닌 '함께하는 사람'이 되어 있습니다.

처음 슬로우리딩 수업을 시도해보고 싶은 교사들에게는 실천적인 팁과 따뜻한 격려를, 이미 그 길을 걷고 있는 이들에게는 깊은 공감과 영감을 전하는 책입니다. 마음을 여는 느린 읽기를 통해 학생과 교사 모두 성장해 가는 이 여정을 많은 분들이 함께하시길 바랍니다.

- 도선고등학교 특수교사 조성민

현장에서 보면 '느림' 자체 보다는 '느림'에서 오는 정서적 어려움이 아이들을 더 힘들게 해서 안쓰러운 마음이 들 때가 많습니다. 그런 아이들을 어떻게 도와야 할지 무엇을 함께 해 주어야 할지 고민하는 분들에게 이 책을 추천하고 싶습니다. 장애가 있든 없든, 공부를 잘하든 못하든 가장 중요한 것은 아이의 '마음 건강'임을 매년 깨닫습니다. 교사로서, 부모로서, 또는 한 인간으로서 아이의 마음 건강을 고민하는 분들에게 책을 통해 아이의 감정을 읽을 수 있는 일종의 매뉴얼을 제공하는 책이 될 것 같습니다.

- 남양주고등학교 특수교사 배선이

페이지 한 장 한 장에 담겨진 선생님과 함께하는 수업 속 특별한 장면과 웃음소리, 책에서 올라오는 냄새, 입에서 느껴지는 달콤한 맛, 자신감이 뿜뿜 채워지고 있는 아이들의 모습들. 그로 인해 그림책이 아니어도 오감으로 즐길 수 있는 즐거운 시간이었습니다. '그 아이'만이 보내는 소통의 주파수를 찾기 위해 수십 가지의 채널을 돌려보고 맞춰가며 시행착오를 겪었을 선생님의 고뇌를 고스란히 느낄 수 있었습니다.

발달장애 학생들과 함께하는 '낭독'. 언뜻 보기엔 지극히 평범한 읽기일 수 있지만, '낭독'이 읽기 및 읽기 이해의 마지막 종착지라 수도 없이 직면해야 하는 힘든 단계와 과정들을 십분 알기에 이 책이 더 귀하게 다가옵니다. 낭독이라는 소통의 채널을 찾아서 아이들과 교감하며 함께 성장하는 수업을 꾸려가시는 선생님께 깊은 찬사와 감사의 말씀을 전합니다. 또한 20여 년 전에도 그랬듯 늘, 언제나 한결같이 온화하고 따뜻한 모습의 선생님을 응원합니다.

- 서울정문학교 특수교사 김인순

아이들이 선생님과 꾸준한 낭독 수업을 하면서 점차 책 읽기를 재미있어하게 되는 모습을 가까이에서 지켜보았습니다.

감정 표현을 어려워하던 아이들이 시간이 지날수록 전보다 자기 생각과 느낌을 이야기하는 것이 늘고, 자연스럽게 감정을 표현하게 되는 모습에 저도 감동을 받았습니다.

- 삼성중학교 특수교육실무사 김정순

특수교사는 그렇습니다. 바쁜 업무 처리하랴, 통합학급 담임선생님과 소통하랴, 수업을 준비하며 간간이 어머니와도 연락하랴. 그러다 보면 우리 아이들과 잠시라도 눈을 맞추고 그들의 마음을 읽을 시간이 부족해 크고 작은 심리적 변화를 놓치는 때가 종종 있습니다.

하지만 여기, 그들의 마음을 읽어내려고 노력하고, 함께 글을 읽으며 대화하기를 시도하고, 자연스럽게 눈을 맞추고 소통하는 특수교사가 있네요. 모름지기 교사가 이래야지 하면서도 그간, 이 핑계 저 핑계 대며 그러지 못한 저를 반성하게 됩니다.

이혜원 선생님이 지긋한 표정 지으며 아이들과 이야기 나누는 모습을 상상만 해도 웃음이 절로 납니다. 따뜻함과 행복함이 묻어나는 우리 아이들의 이야기, 그 이야기에 눈물이 나도록 기쁘고 감사합니다.

- 서울나래학교 특수교사 전옥순

선생님과 함께 한 3년의 시간은 너무나 행복했습니다. 선생님과 책을 읽고 질문과 답을 찾으면서 아이가 독서의 흥미를 갖게 되었고, 어휘력 향상에도 큰 도움이 되었습니다. 스토리가 있는 책뿐만 아니라 정보 글을 읽을 때도 집중시간이 길어지고 이해력이 좋아졌습니다. 수업 참여가 힘들 때 손을 들고 선생님 눈을 보고 말을 하는 등 의사소통 기술도 향상되었습니다. 아낌없는 사랑과 응원 보내주셔서 감사합니다.

선생님 사랑합니다.^^

- 졸업생 송OO 학생 학부모, 박명순

프롤로그

너를 안아주었던 품은
내가 아니라 책이 아니었을까

"선생님, 이거요."

졸업식을 하루 앞두고 있던 날, 하교 전에 세은이가 가방에서 뭔가를 꺼내 나에게 내밀었다. 색종이 두 장을 붙여 접은 편지였다.

To. 이혜원 선생님께

안녕하세요, 저 세은이예요.
1학년 입학한 때가 엊그제 같은데 벌써 졸업이네요.
선생님, 그동안 많은 것을 가르쳐 주셔서 감사합니다.
선생님 덕분에 많이 씩씩해졌어요.

고등학교 가서도 준모랑 사이좋게 지내고 많이 도와줄게요.
운동도 열심히 하고 공부도 열심히 할게요.
선생님, 건강하세요.

- 세은 올림

이 지극히 평범한 인사 편지 한 장에 나는 코끝이 찡해졌다. 행간에 숨겨 둔 세은이의 마음이 그대로 느껴졌기 때문이다. 지난 3년 동안 세은이에게 어떤 변화가 일어났는가. 갑자기 수많은 장면이 주마등처럼 내 머릿속을 스치고 지나갔다.

1학년으로 입학한 후 처음 마주했던 세은이의 첫인상은 '세상에 대한 원망과 불신이 가득한 아이'였다. 반항기 가득한 눈으로는 '제발 나를 좀 내버려둬요'라는 메시지를 분명하게 전달하고 있었다. 아이는 모든 것을 부정적으로 받아들이고 부정적으로 표현하였다. 소리를 내서 하는 말이라곤 '싫어요'와 '몰라요' 두 마디가 전부였다.

당시 세은이는 가정사로 인해 부모님과 떨어져 시설에서 지내고 있었다. 보육원에서는 나름대로 최선을 다해 보살피고 지도하셨겠지만, 또래 친구들과 다른 상황에 놓여있다는 사실만으로도 이미 아이의 마음속에는 큰 상처가 생겼을 것이다. 세상을 향한 뾰족한 가시라도 세워야 여린 자기 마음을 지킬 수 있을 거라고 여기는 게 아닌가 싶었다.

아이를 이해하려고 노력하며 의식적으로 더 다정하고 따뜻하게 말을 걸어 보았지만 세은이의 삐딱하고 냉소적인 태도는 쉽게 달라지지 않았다. 명백하게 잘못된 행동을 지도할 때도 결코 자기 잘못을 인정하지 않으려 들었고, 오히려 더 토라지거나 억울해하는 반응을 보였다. 아이와 나의 간격은 좀처럼 좁혀지지 않았고 대화 역시 늘 겉돌았다. 어려운 것은 생활지도 영역뿐이 아니었다. 세은이는 한글 읽기도 완성이 되지 않아 받침 있는 글자를 읽고 쓰는데 오류가 많았고, 기초적인 덧셈, 뺄셈 연산도 자주 틀렸다. 한글 읽기, 연산 등 기초 학습 능력이 형성되는 중요한 시기에 부모님의 이혼을 겪으며, 적절한 교육적 자극을 충분히 받지 못했던 까닭이었다. 학교에서 또래 친구들처럼 수업을 따라가지 못하니 아이의 자신감과 학습 의욕도 자연스레 낮아졌으리라.

일단 아이가 학습에 대한 흥미와 자신감을 가질 수 있게 돕는 것이 급선무였다. 그때부터 나는 세은이와 함께 책을 읽기 시작했다. 책 읽기를 시작한 초기에는 무척 지루해하고 흥미를 갖지 못하는 듯했다. 한글도 완전히 습득하지 못했던 아이의 당연한 반응이었다. 그래서 나는 아주 쉬운 그림책부터 다시 시작했다.

우선 나 혼자서 약간의 오버 연기를 섞어가며 실감 나게 책을 읽어 내려가기 시작했다. 처음에는 관심 없어 하며 비스듬히 돌아앉아 있던 아이가 점차 이야기에 스며들어 슬슬 내 쪽으로 몸을 돌리며 책을 흘끔 거리는 모습이 눈에 들어왔다. 이 기회를 놓칠세라 나는 얼른 세은이에게 둘이 번갈아 가며 함께 낭독하기를 제안했다. 아이는 약간 자신 없어 하며 주춤하는 반응을 보였다.

"발음은 얼마든지 틀려도 괜찮아. 읽기 어려운 건 선생님이 알려줄게. 나 혼자 읽으려니까 목이 너~무 아프다. 세은이가 선생님 좀 도와주라, 응?" 나의 엄살과 설득에 넘어간 세은이는 그렇게 낭독을 시작했다.

그림책의 삽화는 세은이에게 모르는 단어들의 의미를 짐작할 수 있게 하는 힌트가 되어 주었고, 문맥을 쉽게 이해하도록 돕는 안내자가 되어 주었다.

세은이의 읽기 능력 향상이 조금만 보여도 나는 폭풍 칭찬을 쏟아부었다. 그렇게 매일 둘이 혹은 다른 친구와 셋이 함께 소리 내서 책을 읽고 또 읽었다. 모르는 글자들이 많아서 힘겹게 더듬더듬 읽으며 시작한 낭독이었지만 차츰 세은이가 못 읽는 글자 수가 줄어들었고, 낭독할 때 막히는 경우도 점점 드물어졌다. 낭독에 자신감이 생기자, 아이는 곧 독서에 흥미를 느끼며 급속도로 책의 매력에 빠져들어 갔다.

그림책으로 시작한 우리의 낭독은 이후 점차 글밥을 늘려 초등학생용 문고판 소설로 범위를 넓혀갔다. 그러는 동안 책은 내가 기대하지도 못했던 마법을 부리기 시작했다. 처음에는 한 문장씩. 다음엔 한 단락씩. 점차 한 페이지, 두 페이지로 아이가 쉬지 않고 한 번에 낭독할 수 있는 분량이 늘어갔다. 게다가 집중력과 내용 이해력까지 놀라운 수준으로 향상되었다. 결국 세은이가 졸업할 때쯤엔 〈키다리 아저씨〉, 〈나의 라임오렌지 나무〉와 같은 책까지 읽는 단계에 이르렀다.

세은이와 함께 책을 읽으면서 이 아이가 태어나면서부터 지능적 결손을 가지고 있었던 게 아니라는 사실을 알 수 있었다. 단지 학습 결손이 수년간 계속 누적되어 또래와의 학습 격차가 점점 더 벌어졌고, 이 때문에 나이 기준 상대평가인 지능검사 결과 역시 낮게 나온 것이었다.

독서로 자신감을 얻은 세은이는 연산 실력도 올리고 싶다는 의지를 내비쳤다. 기초 연산 문제 일주일 분량을 하루 만에 쭉쭉 풀어나가며 한두 달 내에 초등 저학년 수준에서 중학년 수준으로 올라섰다. 특수학급에서는 보기 드문 초고속 성장이었다.

낭독은 세은이에게 여러 가지 변화를 불러왔다. 가장 먼저 세은이의 입을 열어주었다. 책을 낭독하니 질문이 나오기 시작했다. 모르는 단어의 뜻을 묻고, 이해가 안 되는 상황에 관해 묻기 시작했다. 우리는 그렇게 꼬리에 꼬리를 무는 질문에 대한 답을 함께 찾아가며 대화를 시작할 수 있었다. 틀리게 읽는 부분을 바로잡아 줄 때마다 입을 꾹 다물고 뚱한 표정으로 있던 모습이 점점 사라지고, 반대로 가르쳐 준 대로 즉시 고쳐 읽으며 "맞아요?" 확인까지 하였다.

다음으로 낭독은 세은이에게 마음의 문을 열어주었다. 소리 내서 읽으니 각 장면이 더 입체적으로 그려졌고, 등장인물의 마음 역시 더 생생하게 전달되었다. 어떤 대목에서는 박장대소를 하며 웃었고, 어떤 대목에서는 등장인물의 말이나 행동이 너무 심하다며 화를 내기도 하였다. 꼭 책 이야기가 아니더라도 세은이가 일상생활 속에서 자기 생각이나 기분을 표현하는 날이 점차 많아졌다. 아이의 표정은 하루가 다르게 밝아졌고, 학교생활 전반에 자신감이 생겼다는 것은 누가 보아도 알 수 있을 정도가 되었다.

마지막으로 낭독은 세은이의 생각을 열어주었다. 〈나의 라임오렌지 나무〉를 읽을 때는 주인공 '제제'에게 함부로 하는 어른들에 대해 분개하며 '나라면 이렇게 가만히 있지 않고 일단 따져보겠다'는 자신만의 야무진 의견도 제시했다.

〈밤티마을〉 시리즈 3편을 다 읽고 나서는 왜 작가님이 4편을 이어서 쓰시지 않았는지 아쉬워하며 직접 문의를 해보자고 하는가 하면, 자기라면 4편을 이러저러한 내용으로 쓰겠다고 뒷이야기를 상상해서 말해 주기도 하였다.

마음 문을 열기 시작한 세은이는 시간이 지남에 따라 성격도 밝아지고, 웃음도 많아졌으며, 특수학급뿐 아니라 통합학급*에서도 자신감 있게 생활하기 시작했다. 장래 희망으로 '태권도 선수'라는 꿈도 마음에 품게 되었다. 반 대표 여자축구 선수로 나가 골을 넣고 친구들에게 '갓세은'이라는 애칭을 얻은 날, 너무나 행복해하며 환하게 웃던 세은이의 모습이 지금도 눈에 선하다.

세상을 향해 원망과 분노를 내뿜었던 아이가 세상에 대한 새로운 기대와 희망을 품은 모습으로 변화해 가는 과정을 지켜보면서 나는 낭독이 가진 특별한 힘을 깨닫게 되었다. 세은이가 보여준 놀라운 변화와 성장 덕분에 낭독의 놀라운 효과를 체험하였고, 특히 상호작용을 하며 진행하는 독서 활동의 심리 치료적 효과도 알게 되었다.

그때부터 나는 내가 지도하는 모든 학생과 더욱 집중적으로 책을 낭독하기 시작했다. 그렇게 10년 이상 낭독을 진행해 왔으며, 세은이 이후의 다양한 사례들이 나의 낭독에 대한 믿음에 더욱 강한 확신을 심어 주었다.

이제 이 책을 통해 지금까지 내가 만난 제2, 제3의 세은이 이야기를 나누려 한다. 배움이 느리거나, 언어를 통한 의사소통이 힘들거나, 마음이 닫혀 있던 아이들이 어떻게 낭독을 통해 깨닫고, 입을 열고, 마음을 열었는지 세상에 알리려 한다. 그리고 독자 여러분 주변에 있는 제4의 세은이에게도 이 마법과 같은 낭독의 힘이 가닿기를 바란다.

*특수교육 대상 학생의 통합교육 시행을 위해 일반 학교에 설치한 학급. 특수교사가 특수교육을 실시하는 특수학급(예:도움반, 개별반)과 대비되는 개념으로, 같은 또래 비장애 친구들과 같은 학급에서 특수교육이 아닌 일반 교과교육을 받는 학급(예:1-1반, 2-3반)을 의미함

- 이 책에 등장하는 학생들의 이름은 모두 가명을 사용하였음을 밝힙니다.

차 례

추천의 글 4

프롤로그 11
너를 안아주었던 품은 내가 아니라 책이 아니었을까.

하나
너의 마음을 알기 위해

왜 낭독인가 24
내가 아이들과 소리내어 책을 읽는 이유

우리만의 슬로 리딩 29
느리게 책을 읽는 이유

둘
책, 마음을 들여다보는 통로

34	**소리 내서 마음 열기** 어떤 말을 해야 할지 몰랐을 뿐
38	**감정 단어** 내 마음을 딱 맞게 표현할 수 있는 단어가 있나요?
46	**공감** 내 친구도 이런 마음일까?
50	**낭독이 좋은 이유** 오감을 통해 빠져드는 책 읽기, 낭독
56	**부모-자녀 함께 읽기** 다시 책으로 대화를 시작하자
60	**교사-학생 함께 읽기** 이럴 땐 어떻게 하면 좋을까? (1) 낭독을 어려워하는 아이들을 지도할 때 (2) 교사와 학생이 함께하는 낭독이 특별한 이유
68	실제 낭독 수업 장면 들여다보기

셋
천천히 내 마음을 알아가는 중입니다

웃음 버튼으로 마음 열기 : 〈방귀만세〉	74
친밀한 소재로 책에 정 붙이기 : 〈떡볶이 할멈〉	77
자기 재발견 : 〈만복이네 떡집 시리즈〉	82
가족 이야기 1 : 다양한 가족의 모습 〈밤티마을 큰돌이네 집〉 시리즈	88
가족 이야기 2 : 가족에 대한 내 마음 확인하기 〈마법의 설탕 두 조각〉	96
상호작용 기술 : 〈까마귀 소년〉	102
감정 표현하기 : 〈리디아의 정원〉	107
두려움 마주하기 : 〈헤엄이〉	119
분노 표현하기 : 〈소피가 화나면, 정말정말 화나면〉	124
속상함 표현하기 : 〈소피가 속상하면, 너무너무 속상하면〉	132
죄책감 해결하기 : 〈빨간 매미〉	138
행복 찾기 : 〈무민 골짜기 이야기 시리즈〉	145

넷
경계에 서 있는 너에게

156	천천히 나아가도 괜찮아 〈우리를 기다려 주세요〉
160	느린 학습자들을 한 뼘 더 성장시키는 청소년 소설
162	특별한 가족 이야기 (1) 가슴으로 낳아 더 소중한 : 〈식스팩〉 (2) 부모를 선택할 수 있다면 : 〈페인트〉
171	진짜 친구 : 〈체리새우: 비밀글입니다〉
178	어른이 된다는 것 : 〈순례주택〉
182	평범한 내가 싫어! : 〈고요한 우연〉
187	낭독으로 고전까지 도전한다고? 〈정글북〉, 〈빨강 머리 앤〉, 〈톰 소여의 모험〉, 〈키다리아저씨〉

| 194 | **에필로그**
나와 너의 마음이 마주 보며 웃을 수 있기를 |
| 197 | **함께 쓰는 에필로그**
글벗 김편선님 |

세상에서 가장 느린 마음공부

하나
너의 마음을 알기 위해

Ⅰ 왜 낭독인가
내가 아이들과 소리 내서 책을 읽는 이유

교실 인터폰이 울린다.

"네~ 개별학습반(특수학급)입니다."
"선생님, 여기 사회과 교실인데요! 우진이가 화가 나서 책상을 주먹으로 치고 난리가 났어요!"
"그래요? 혹시 수업 중에 영상자료 같은 것을 보여주셨나요?"
"네? 아, 네!"
"그럼 영상 중간에 슬픈 음악이나 무서운 음악이 나왔나요?"
"아… 그런 것 같아요. 주제가 '인종차별'이라서 괴롭히는 장면도 좀 나오고…"
"네, 알겠습니다! 바로 올라가겠습니다!"

빛의 속도로 4층 사회과 교실 문 앞에 도착하니 2분단 맨 뒷자리를 아이들 몇몇이 둘러싸고 있는 모습이 보인다. 우진이 자리를 애써 찾을 필요도 없다. 내가 올라가기 전까지 우진이를 진정시키려 애쓴 굿프렌즈(장애 학생 또래 도우미) 친구들에게 고맙다는 인사를 하고 우진이에게 말을 건넨다.

"우진아, 쌤이랑 같이 개별반으로 내려가자."
"싫어요! 가수 죽일 거야!"

화가 났다는 걸 이렇게 개성 있게 표현한다.

"얼른~ 일어나자~"

한번 튕기고는 군말 없이 자리에서 일어난다. 나는 사회 선생님께 눈빛으로 죄송한 마음을 가득 담아 양해를 구한다.

"선생님, 죄송합니다~ 우진아, 너도 '죄송합니다' 해야지~."

"죄.송.합.니.다. 아~! 저 가수 죽이고 올게요!!!"

사회 선생님의 놀란 얼굴과 빵 터진 아이들의 웃음소리를 뒤로 한 채 나는 우진이의 손을 꼭 잡고 교실을 나선다.

영화나 드라마에서 슬프거나 공포스러운 분위기를 자아내는 음악이 나오면 사람들은 보통 다음 이야기의 전개를 예상하며 마음의 준비를 한다. 그리고 밀려오는 감정의 자극을 있는 그대로 느끼고 받아들이며 감상한다.

우진이 역시 음악의 분위기를 통해 극의 다음 전개를 예상한다. 그리고 불안을 느낀다. 여기서부터 문제다. 다른 친구들처럼 감정을 있는 그대로 바라보는 것은 우진이가 감당하기에 무척 힘겨운 일이다. 슬퍼지거나 무서워질 것을 알면서 이를 준비하고 그 감정이 전하는 마음의 고통을 그대로 참아내기가 너무나도 괴로운 것이다.

어떤 장면이 나올지 예상이 되기에 불안은 점점 더 커져만 가고, 그 불쾌한 감정 때문에 자꾸만 화가 난다. 결국 그 불안과 분노는 엉뚱하게도 장면 전환을 예고한 음악의 가수와 작곡가를 향한다. 과격한 말과 행동으로 불안하고 거부하고 싶은 마음을 그렇게 폭발시키고 만다.

"우진아~, 듣기 싫은 음악 나오면 쌤이 어떻게 하라고 했지?"
"……."
" '선생님, 저 그 음악 싫어요. 개별반으로 내려갈게요.' 말씀드리고 오라고 말했지?"
"… 화내지 말고, 말로 할 걸 그랬네. 다음엔 화 안 내고 말하고 올게요."
"그래~. 약속해. 다음엔 '책상 쾅' 하지 말고, 꼭 '말로' 설명하고 내려오도록 하자?"

3년째 똑같은 약속을 반복하고 있는 우리. 그래도 약속을 지키는 확률이 0%에서 이제 40% 정도까지는 높아졌으니 따지고 보면 엄청난 발전이다.

불안이 밀려올 때 자신의 감정을 알아차리는 것. 그리고 분노가 폭발하기 전 그 자리를 피해 자신의 감정을 다스리는 것. 사실 이것은 누구에게나 연습이 필요한 과정이다.

장애 학생들에게는 더 많은 경험과 반복 연습이 필요하다. 하지만 이런 감정 조절을 실제 생활 장면에서 실패 경험을 반복하며 연습하기란 장애 학생에게도, 함께 공부하는 비장애 친구들에게도 꽤 버거운 일이다.

그렇다면 어떻게 이런 부담이 없이 감정 조절 연습을 할 수 있을까?

내가 택한 방법은 아이들과 함께 책 읽기.

느리게 걷는 아이들과
느리게 책 읽기.

천천히.
목소리를 내어서.

책 속 등장인물들의 말과 행동을 내 목소리에 담아내면
그 순간 그들이 바로 내 앞에 생생히 살아 움직인다.

소리가 되어 내 귀로 들어온 장면들이
어느새 내 눈 앞에 펼쳐진다.
나는 이미 이야기의 주인공이다.

그들의 생각이 머릿속에 들어온다.
그들의 마음이 가슴으로 느껴진다.
그들의 감정을 함께 느끼고
함께 호흡한다.

기뻐도 보고, 슬퍼도 보고, 미안해도 보고, 안타까워도 보고…….

소리 내서 책을 읽다 보면
다양한 상황과 감정들과 마주하게 된다.
조금씩 여러 색깔의 마음들과 친숙해진다.

어느새 책 속 주인공의 감정 표현을 따라 말하게 된다.
여러 등장인물의 감정도 이해하게 된다.
어려운 상황들을 헤쳐 나가는 방법도 하나씩 배우게 된다.
그렇게 조금씩 마음이 단단해지고 생각도 자라난다.

그래서 나는 오늘도 아이들과 함께 책을 읽는다.

한 글자, 한 글자
손가락으로 짚어가며.
한 글자, 한 글자
입을 열어 소리를 내며.

세상에서 가장 느린 책 읽기.
세상에서 가장 느린 마음 공부.

하지만 누군가에겐 가장 빠른
마음으로 가는 길.

낭독으로 마음을 읽는 시간.

| 우리만의 슬로 리딩
느려도 좋아

　국내에서 '슬로 리딩(Slow Reading)'이 주목받기 시작한 지는 십여 년 정도 되었다. 일본 작가 히라노 게이치로가 자신의 저서 〈책을 읽는 방법〉에서 꼼꼼하게 책을 읽는 '슬로 리딩' 독서법을 소개하였다. 이후 하시모토 다케시라는 일본 국어 교사가 〈은수저〉라는 소설 한 권을 6년간 통독으로 완독하게 하여 수많은 도쿄대 합격자를 배출한 것이 알려져 슬로 리딩에 대한 관심이 더 커졌다.

　이러한 영향으로 슬로 리딩의 중요성이 강조되면서 현재 여러 초등학교에서 '온 책 읽기/온 작품 읽기', '한 학기 한 권 읽기' 등이 진행되고 있다. 즉, 책 한 권을 끝까지 온전히 읽고, 이를 통해 각자 느끼고 생각한 것을 나누도록 함으로써 책 내용에 대한 이해와 사고의 폭을 넓히는 것이다.

　나와 학생들이 하는 책 읽기 역시 슬로 리딩이다. 하지만 일반적인 슬로 리딩과는 같은 듯 다르다. 특히 읽는 속도 면에서, 읽는 방법면에서, 그리고 읽기 그룹 면에서 차이가 있다. 우선, 읽기 속도는 느리지만 가변적이다. 말하자면 학생 맞춤형이다. 내가 아이들과 책을 읽는 방식의 기본은 '낭독'이다. 책의 내용을 처음부터 끝까지 한 글자도 빠짐없이 소리를 내어 읽는다. 당연히 눈으로 읽는 묵독보다 속도가 훨씬 느리다.

말 그대로 '슬로 리딩 (slow reading)'이다. 선정한 책에 따라, 읽는 학생에 따라 한 학기 동안 두세 권 시리즈를 다 읽기도 하고, 한 권을 두 학기 이상 읽게 되기도 한다.

읽는 방식은 '낭독'인 동시에 '윤독'이다. 독서 그룹원 전원이 차례대로 돌아가며 소리 내서 읽는다. 일단 교사가 낭독을 시작하고 어느 정도 학생들이 책 내용에 빠져들면 다음 낭독자에게 바통을 넘긴다. 정해진 순서 없이 다음 낭독자를 지목해서 이어가기도 하고, 앉은 자리에 따라 일정한 방향으로 돌아가며 읽기도 한다.

학생들의 낭독 분량은 한 단락에서부터 한 페이지, 또는 한 장으로 늘어날 수 있다. 낭독 초기에는 한두 문장 낭독하기도 어려워하던 아이들이 회차가 늘어날수록 점점 유창해져 많은 양도 거뜬히 혼자서 읽어 내려간다.

읽기 그룹의 크기 역시 변동적이다. 도서와 학생들의 읽기 수준에 맞춰 교사와 학생이 일대일로 읽기도 하고, 읽기 수준에 차이가 있더라도 소그룹 또는 대그룹으로 묶어 한 가지 책을 함께 읽기도 한다.

도서의 글밥, 주인공의 성격, 핵심 등장인물들의 성별 등의 이유로 일대일 수업이 효과적인 책도 있고, 다 함께 읽어 생각과 느낌을 공유하고 서로를 이해하고 배려하는 경험이 더 의미 있는 책도 있기 때문이다.

우리의 낭독은 여러 가지 이유로 자주 멈춘다.

"'비열'한 게 뭐야?"
"글쎄? 같이 검색창에서 한번 찾아볼까?"
"방금 팥쥐 엄마가 '바지랑대'를 내려 달라고 했지? '바지랑대'가 뭐게?"
"응? 바지…? 그게 뭐예요?"
"자~ 샘이 칠판에 그려 줄게. 이렇게 빨랫줄을 받쳐 올리는 긴 막대기 같은 거야. 아, 우리 전자칠판으로 이미지를 한번 찾아볼까?"

"하아~ 선생님, 너무 느려서 답답해요~"
(느리게 읽거나 낭독 중에 자꾸 말이 막히는 친구로 인해 짜증이 난 상황)
"조금만 기다려 주자. 이것도 다 진~짜 중요한 공부야. 우리는 기다리는 걸 배우는 중이고, 성혁이는 또박또박 읽는 걸 배우는 중이니까."

"선생님, 무슨 말인지 하나도 안 들려요. 재경이 누나 목소리 너무 작아요."
"그래? 조용히 집중해서 귀 기울이면 샘은 들리는데? 재경이도 목소리 조금만 더 크게 읽어주렴. 나중에 선생님이랑 따로 큰 소리로 읽기 연습 해보자. 2주 정도 연습 해보고 그래도 잘 안되면 마이크를 써도 좋고."

이렇게 멈추고, 소통하고, 서로 맞추어 가느라 우리는 더욱 느리게 책을 읽는다. 그 과정에서 누구는 읽기 유창성이 향상되고, 누구는 인내심과 배려를 배우며, 또 다른 누구는 자신의 한계를 뛰어넘기도 한다. 그렇게 아이들도 성장하고 나 역시 낭독 수업 노하우가 쌓여간다.

우리들만의 슬로 리딩은 이런 이유로 남다르다.

둘
책. 마음을 들여다보는 통로

Ⅰ 소리 내어 마음 열기
어떤 말을 해야 할지 몰랐을 뿐

개별반 학생이 소속된 통합학급 담임 선생님께서 갑자기 나를 찾아오셨다. 내가 지도하는 개별반 학생이 아닌 다른 학생에 대해 상의하고 싶다고 하셨다. 내용은 다음과 같았다.

> 해당 학생은 선택적 함묵증을 앓고 있는 남학생이며, 학교에 오면 누구와도 말을 하지 않는다. 반 친구들과도, 담임 교사와도 전혀 말을 하지 않는다. 초등학교 때는 그렇지 않았는데 중학교에 진학하면서 함묵증이 시작되었다.
> 집에서는 그래도 할머니와는 이야기를 좀 한다고 하는데 학교에선 통 입을 열려고 하지 않는다. 당연히 수업 시간 중 학습활동에도 전혀 참여하지 않고, 교사가 무언가를 묻거나 하면 엄청나게 위축되며 스트레스를 받는 반응을 보인다.
> 학교에 오는 것도 점점 부담스러워하더니 급기야 등교 거부까지 빈번해지고 있다.

담임 선생님께서는 아이가 통합학급에서 엄청난 부담을 느끼고 있어 걱정이라고 하시며, 혹시 일주일에 한 시간이라도 이 아이가 개별반에 와 있을 수 있는지 문의하셨다. 갑갑한 학교 안에서 잠시라도 마음 편히 있을 시간이 주어진다면 아이의 숨통이 조금이나마 트이지 않을까, 그러면 학교 오는 게 조금은 더 쉬워지지 않을까 싶다고 하셨다. 학생을 진심으로 걱정하며 도움을 주고 싶어 하시는 담임 선생님의 마음이 그대로 느껴졌다.

사실 이전에도 다른 선생님으로부터 이 학생의 '선택적 함묵증' 양상과 관련하여 지도 방법 문의를 받은 적이 있었기에 나는 더욱 궁금해졌다. 이 아이는 과연 어떤 이유로 입을 열지 않게 되었을까?

일단 직접 만나서 아이의 의사를 물어보기로 했다. 개별반 학생인 재경이가 통합되어 있는 반이라 평소 자주 드나들었기 때문인지 아이는 내가 아주 낯설지는 않은 눈치였다. 인사를 건넨 뒤 나를 간단히 소개하고는 일주일에 한두 번 재경이와 함께 개별반에 와보는 건 어떤지 물었다. 강하게 거부하지 않을까 걱정했는데 의외로 아이는 순순히 그러겠다는 뜻으로 고개를 끄덕였다. 마침, 그날 재경이와의 일대일 수업 시간이 있어 쇠뿔도 단김에 뺀다고 바로 함께 가자고 했더니 말없이 나를 따라나섰다.

아이가 자리에 앉아 좀 편안한 얼굴이 되었을 때 조심스럽게 책 읽는 방법을 설명하기 시작했다.
"규완아, 이 시간은 원래 재경이랑 선생님이랑 둘이 책을 읽는 시간이거든? 눈으로만 읽는 게 아니라 돌아가면서 '소.리.내.서.' 읽는 거야. 어때? 규완이도 우리랑 같이 소리 내서 책 읽어 볼래?"
"…… 네."
작은 목소리였지만 분명히 알아들을 수 있게 '네'라고 대답했다. 나는 속으로 안도의 숨을 내쉬었다. 규완이 손에 우리가 각자 들고 있는 것과 똑같은 책 한 권을 쥐여주고는 평소와 다름없이 낭독 수업을 시작했다.

내가 먼저 일정 부분을 읽고, 뒤이어 재경이가 낭독했다. 다음은 규완이 차례. 과연 아이가 소리 내서 책을 읽어줄까? 긴장하면서 읽어야 할 부분을 손가락으로 짚어주었다.
　작은 목소리로 나직하게 그러나 차분히 아이는 낭독을 시작했다. 모르는 글자 때문에 머뭇거리거나 겹받침이 있는 글자를 읽기 어려워하는 기색도 없이 규완이는 너무나도 술술 책을 읽어 내려갔다. (학교에서 규완이의 목소리를 들은 건 그날이 처음이라고 같은 반 재경이가 나중에 말해주었다.) 규완이의 이러한 변화는 교내 많은 선생님께도 놀라움을 안겨주었고, 규완이의 등교 거부도 점차 사라졌다.

　입학 후 한 번도 입을 열지 않았던 규완이는 그렇게 우리와 함께 낭독을 시작하며 일주일에 한두 번씩 개별반 교실을 방문했다. 이후 재경이 말고도 다른 개별반 친구들까지 모두 함께하는 낭독 수업에서는 규완이가 색다른 모습들을 보여주었다. 속사포 랩과 같이 빠른 속도로 낭독하기도 하고, 마치 북한 아나운서 같은 억양으로 읽기도 하고, 시대극 드라마에나 나올 법한 연기자 톤으로 실감 나게 읽기도 하는 등 전에는 상상도 못 했던 모습을 보게 되었다. 다른 아이들의 반응은 폭발적이었고, 규완이는 더욱 신이 나서 큰 소리로 책을 읽었다. 이후 규완이는 나에게 낭독 수업이 제일 재미있다고 '소리 내서' 말했다.

　아이들이 학교에서 말하기를 거부하는 이유는 다양하다. 그중 한 가지는 친구들에게 자신이 잘 해내지 못하는 모습, 서툰 모습, 정답이 아닌 오답을 말하는 모습을 보여주고 싶지 않아서이다.

사춘기가 찾아온 아이들은 친구들이 나를 어떻게 볼 것인가를 가장 중요하게 생각하고 친구들의 반응을 의식한다. 여러 친구 앞에서 혹시나 실수하지는 않을지 불안해한다. 어떤 대답을 해야 정답인지, 어떻게 말해야 망신을 당하지 않을지 지나치게 의식하다 보면 말하는 것 자체가 부끄럽고 힘들어진다.

아이들이 입을 열지 않을 때, 과제 수행을 회피할 때는 먼저 수행하기 쉬운 활동을 제시하여 자신 있게 시작하고 성취감을 느낄 기회를 제공해 줄 필요가 있다. 낭독과 같이 입을 열어 글자를 읽기만 해도 잘했다고, 고맙다고, 칭찬받고 인정받을 수 있는 활동 말이다. 소리 내서 책을 읽는 것은 언제나 정답이다. 낭독에 오답은 없으니까.

Ⅰ 감정 단어
내 마음을 딱 맞게 표현할 수 있는 단어가 있나요?

"정인아, 이번에 여행 가서 뭐 했어?"
"호랑이 보고, 망고 스무디 먹고, 수영했어요."
"정말? 그래서 정인이 기분은 어땠어?"
"음~ 좋았어요."

"엉엉~ 계단에서 넘어졌어~. 죽고 싶어요. 나 죽을 거야!"
"에고~ 우리 우진이 엄청 아팠겠네. 지금은 괜찮아? 근데 왜 이렇게 화났어?"
"계단 죽일 거야. 나는 죽고 싶어요!!!"

여행의 경험을 정인이가 '좋았어요' 한 마디로밖에 표현하지 못하는 이유는 자신의 즐거웠던 감정을 나타내는 적확한 단어를 알지 못하기 때문이다. 넘어져서 아프기도 하고 화도 나는 상황에서 우진이가 '죽일 거야', '죽고 싶다'라는 말만 되풀이하는 이유는 속상한 감정과 그 이유를 표현할 적절한 어휘를 사용해 본 경험이 부족하기 때문이다.

자신의 마음을 다른 사람에게 표현할 때 우리는 주로 언어를 사용한다. 표정과 행동으로도 마음을 드러낼 수 있지만, 미묘한 느낌의 차이를 말이나 글처럼 분명히 전달하기는 쉽지 않기 때문이다.

알고 있는 어휘가 다양할수록, 사용하는 어휘가 구체적일수록 우리는 다른 이들에게 자신의 마음을 더 정확하게 표현할 수 있고, 더 분명하게 이해받을 수 있다. 이것은 아이뿐만 아니라 어른들에게도 해당하는 이야기이다.

풍부한 어휘력을 갖기 위한 가장 좋은 방법은 당연히 독서이지만, 그 효과가 나타나려면 시간이 필요하다. 일정 시간 이상 꾸준히 책 읽기를 실천해 자기 언어의 창고를 어느 정도 채워야 눈에 보이는 효과가 나타나는 법이다.

어휘력 확장의 시기를 조금 더 앞당길 방법은 없을까? 당연히 있다. 독서와 결합한 어휘 카드의 활용이 바로 그것이다. 책을 낭독하면서 **'감정 카드'**를 활용해 등장인물의 마음과 딱 맞는 감정 표현 단어를 찾아 말해보고, 책 속에서 감정의 이유나 근거가 되는 부분을 찾는 활동을 함께 해보는 것이다. 이렇게 하면 어휘력이 확대되고 들어보긴 했으나 아직 나의 어휘가 되지 않아 입으로 나오지 않던 표현을 찾아내고, 소리 내서 말하고, 귀로 듣게 된다.

여기서 잠깐 내가 실제로 독서 수업 중 사용하는 감정 카드를 소개해 보고자 한다. 아이들은 자신이 느끼고 있는 것과 딱 맞는 감정을 무어라 부르는지도 알지 못할 때가 많다. 그러니 감정을 스스로 파악하기도 힘들고, 남에게 언어로 표현하기도 쉽지 않다. 어떤 이유로 그러한 감정을 느꼈는지 설명하는 일은 더더욱 어렵다. 이럴 때 도움을 받을 수 있는 것이 '감정 카드' 이다.

(주) 한국콘텐츠미디어 제작 〈공감 능력 UP 감정카드〉

(주) 한국실버교육협회 제작 〈마음읽기 감정카드〉

'감정 카드'는 종류가 다양하다. 그중에서 나는 캐릭터나 그림보다 사람의 얼굴 사진이 제시된 카드를 선택한다. 실생활에서 아이들은 주로 사람의 얼굴에 드러나는 표정을 보고 감정을 찾아내는 경우가 많기 때문이다. 하지만 사람의 얼굴 카드라도 감정이 명확하게 드러나지 않는다면, 오히려 감정을 단순화해서 전달하는 그림 카드가 더 도움이 될 수 있다.

'감정 카드'는 대부분 앞면 상단에 감정 표현 단어를 서술어 형태 혹은 명사 형태로 제시한다(예: 기쁘다(기쁨), 걱정하다(걱정) 등).

(주) 한국콘텐츠미디어 제작 〈공감 능력 UP 감정카드〉

그 아래 해당 감정이 표정으로 드러나는 사진 혹은 그림을 함께 제시한다. 카드의 뒷면에서는 감정의 사전적 의미를 알려주고, 상황적 예시나 질문을 함께 제공하는 경우가 많다.

대상 아동의 한글 읽기 능력에 따라 감정 카드 제시 방법을 달리할 수 있다. 평소 아이가 사용하는 표현 어휘가 제한적이고 단답식인 경우는 너무 많은 카드를 한꺼번에 제시하는 것보다 사전에 교사나 부모가 반대어나 유사어와 같은 일정한 기준으로 몇 장의 카드를 골라 제시하고 그중에서 선택하도록 하는 것이 좋다. 카드는 반드시 한 장만 선택할 필요는 없으며 상황과 관련 있는 감정이라면 여러 장 선택할 수 있다. 실제 우리의 마음이 그러하듯이 말이다.

1) '그날의 기분 말하기'와 같이 특별한 상황 조건이 없이 자신의 감정을 이야기하는 경우라면 먼저 여러 감정 군 중 하나를 아이가 선택하게 한다. 선택된 감정 군에서 5가지 정도의 다른 감정 카드를 교사나 부모가 골라 다시 아이에게 제시하고 그 중에서 구체적 감정을 선택해 보도록 한다.

[예시 ①)] 오늘의 기분 이야기하기
➡ 기쁨 / 두려움 / 분노 / 불쾌 / 슬픔 5가지 감정 중 오늘 느껴지는 감정 선택하기
➡ 아동이 '기쁨' 선택
➡ 교사(부모)가 '기쁨' 감정 군 중 기쁘다 / 만족스럽다 / 신나다 / 설레다 / 편안하다 카드를 제시하면 아동이 이 중에서 선택

2) 책 속의 특정 장면이나 특별한 상황 조건이 제시된 경우는 그 상황과 밀접한 관련이 있는 감정 군의 카드 몇 장과 반대 감정 군의 카드 몇 장을 함께 제시하고 고르도록 하면 선택이 좀 더 쉬워진다.

[예시 ②] 책의 한 장면에서 등장인물의 감정 유추하기
➡ '언니가 갑자기 소피가 가지고 놀던 인형을 빼앗아 간 장면'에서 소피의 감정
➡ 교사(부모)가 '기쁨'군에서 기쁘다, 만족스럽다, 행복하다 / '분노'군에서 답답하다, 분하다, 원망스럽다 카드를 제시하면 아동이 이 중에서 선택

어떤 방법으로 카드를 제시하였든지 아동이 그 카드를 선택한 이유도 함께 말해보도록 지도하는 것이 좋다. 대답을 '오늘은 기분이 ~해요. 왜냐하면 ~하기 때문이에요.'와 같이 두 문장 이상으로 말하도록 유도하면 표현 어휘가 확장될 뿐 아니라 말하기 유창성 향상에도 도움이 되기 때문이다.

표현 어휘가 풍부한 아동을 대상으로 진행할 때는 테이블 위에 카드를 15장 이상 혹은 전체 카드를 펴 놓고 원하는 카드를 여러 개 선택하도록 한다. 그리고 각각의 이유를 덧붙여 설명해 보도록 권한다.
"오늘 아침 기분을 여기 있는 감정 카드에서 3가지 이상 고르고 그 이유를 설명해 보자." 이런 방식으로 감정과 감정의 이유를 설명하는 활동을 반복적으로 진행하다 보면 아동의 어휘력 확장뿐 아니라 논리적인 말하기 기술도 향상되는 효과를 얻을 수 있다.

아이들과 책을 읽은 후 등장인물의 감정 변화가 드러나는 페이지나 삽화 장면이 나오면 잠깐 낭독을 멈추고 등장인물의 감정 찾아보기를 시작한다. 앞서 언급한 두 가지 기준에서 카드의 수와 제시 방법을 조절하며 진행한다.

"가족들을 남겨두고 혼자서 기차를 타고 외삼촌이 계신 도시로 떠나는 리디아는 지금 어떤 마음일까? 한 가지 마음만 있는 게 아니라 여러 가지 마음이 들 수 있을 것 같아. 생각나는 대로 이야기해 보자."
"속상해요. 왜냐면 엄마 아빠랑 헤어지니까요."
"아~ 엄마, 아빠, 할머니랑 헤어져서 리디아가 속상할 수도 있겠다. 또? 또 다른 마음은 없을까?"
"왠지 싫을 것 같은데……. 잘 모르겠어요."
"생각이 잘 나지 않으면 우리 감정 카드의 도움을 좀 받아볼까?"

카드를 앞에 펼쳐놓으면 아이들은 '걱정하다', '긴장하다', '두렵다', '무섭다', '불안하다', '답답하다' 등 관련된 카드들을 다양하게 골라낸다. 앞서 말로만 질문을 하고 대답을 요구했을 때와는 사뭇 다른 반응이다. 훨씬 더 적극적이고 능동적인 태도로 카드를 집어 든다. 왠지 자신감마저 있어 보인다.

"선생님, 저 '걱정하다'를 골랐어요. 왠지 리디아가 걱정할 것 같아요."

"저는 '두렵다'요. 리디아가 겁이 나고 두려울 것 같아요."

"아, '걱정하다'와 '두렵다'를 골랐구나? 리디아는 왜 걱정을 하고, 두려워할 것 같은데? 이유가 있니?"

"음…… 삼촌이 무서울 것 같아서?"

감정을 말할 때 그 감정의 이유를 함께 제시하면 상대방이 화자가 느낀 감정을 훨씬 명확하게 이해하고 공감할 수 있다. 특히 외부의 원인에 의한 감정보다 내적 불안에서 비롯된 감정의 경우는 더욱 그렇다. 이때는 '까봐카드'라는 것을 사용하는데 이와 관련하여서는 뒤에서 더 자세히 설명하기로 한다.

아이들은 조금씩 지금껏 잘 알지 못했던 자기 안의 감정과 상대방의 감정을 알아간다. 감정의 이름과 이유를 배워간다. 천천히 느끼고, 이해하고, 공감하면서 마음을 열고 입을 연다. 그렇게 책 속에서 배운 감정을 통해 다른 사람들과의 진짜 소통이 시작된다.

Ⅰ 공감
내 친구도 이런 마음일까?

"이치는 왜 문방구 아줌마 앞에서 고개를 들 수 없었을까?"
"지우개를 훔친 것을 들킬까 봐서."
"그렇구나. 우진이도 이치처럼 고개를 들 수 없을 때가 있었어?"
"잘못했을 때. 엄마한테 혼날까 봐 무서워서~"

요한 하리 저, 〈도둑맞은 집중력〉(어크로스)을 읽다가 무릎을 탁 하고 쳤다. 소설을 많이 읽은 사람일수록 다른 사람의 감정을 잘 읽어 내는 능력, 즉 공감 능력이 상대적으로 높다는 실험 결과를 제시하고 있었기 때문이다.

우리는 소설을 읽을 때 등장인물의 입장에 서서 그가 처한 상황을 생각해 보고, 마치 등장인물의 바로 옆에서 바라 보고 있는 것처럼 장면을 머릿속에 그려 보거나, 아니면 자기 자신이 그 인물이라면 어떤 마음일지 상상해 보는 등 다양한 방법으로 감정을 이입한다. 이러한 노력은 현실 속 실제 인물을 이해하려고 노력하는 것과 같은 '인지 작용'이다. 이러한 노력이 반복되는 경우 사람의 감정을 이해하는 공감 능력이 향상되는 것은 너무나 당연한 결과가 아니겠는가.

어른의 소설 읽기와 아이의 동화 읽기의 효과가 완전히 다를까? 나는 그렇지 않다고 생각한다. 오히려 나이를 먹어가며 점점 고집스럽고 배타적으로 변해가는 어른들보다 순수하고 뭐든 잘 받아들이며 변화의 가능성이 많은 아이들에게 문학의 영향력은 더 클 수 있다.

텍스트의 수준에 있어서는 차이가 있지만 어린 학생들이 읽는 그림책이나 어린이 동화, 청소년 소설도 위와 같은 이유로 공감 능력 향상에 영향을 미친다. 주인공을 둘러싼 이야기의 흐름을 따라가다 보면 자기 자신을 주인공과 동일시하여 생각하고 느끼게 된다. 타인(등장인물)의 감정이자 자신(독자)의 감정이 된 그 무엇을 인식하고 깊이 이해해 본 경험이 있는 아동이 그렇지 못한 아동에 비해 실생활 속 또래 친구들이나 어른들의 감정을 더 잘 이해하고 더 적절하게 상호작용을 하는 것은 어찌 보면 매우 당연한 결과다. 이런 맥락에서 문학작품 읽기가 공감 능력과 대인관계 기술의 향상을 가져온다는 주장은 매우 논리적이고 타당한 견해이다.

이는 또한 '상호작용적 독서치료 프로그램이 발달장애 청소년의 정서지능 및 사회적 능력에 미치는 영향'*의 연구 결과와도 일치한다. 당시 일반 중학교 5개교에 재학 중인 발달장애 청소년 37명을 대상으로 상호작용적 독서치료 프로그램 진행 여부와 이들의 정서지능 및 사회적 능력의 변화 차이를 연구하였다.

연구 결과 정서지능의 하위 요인 6가지** 중 4가지 요인(타인 정서의 인식 및 배려, 자기 정서의 인식 및 표현, 교사와의 대인관계 기술, 또래와의 대인관계 기술)에서 유의미한 효과가 나타났다.

---

*이혜원(2021), 〈상호작용적 독서치료 프로그램이 발달장애 청소년의 정서지능 및 사회적 능력에 미치는 영향〉, 한양사이버대학교 석사학위논문.
**김경희(1998) 교사용 유아정서지능 평정척도

즉, 장애 청소년들과 책을 함께 읽고 그 내용 및 삽화에서 느낀 점을 표현해 보거나, 관련 경험에 대해 간단히 이야기를 나누는 활동만으로도 정서지능에 향상을 가져온다는 것이다. 자신과 타인의 감정을 이해하고 배려하는 능력, 적절하게 표현하는 능력이 향상되며, 대인관계능력 역시 발전한다는 의미이다.

반면 자기 정서의 이용, 감정의 조절 및 충동 억제의 요인에서는 효과가 미미한 것으로 나타났다(여기서 '자기 정서의 이용'이란 어떤 일의 성취를 위해 자기 자신에게 동기를 불어넣거나 인내심을 발휘하는 것을 의미한다). 정서지능 영역 중 최상위 수준이라고 할 수 있는 두 영역에서 의미 있는 변화를 불러오기에 12회기는 매우 짧은 기간이었다는 생각이 든다. 실제 교육적 측면에서 보더라도 자신의 욕구를 누르고 인내하는 것은 단기간에 변화가 일어나기 어려운 항목이기 때문이다. 독서와 함께 행동수정 등 추가적인 중재 방법이 일정 기간 이상 병행될 때 보다 더 의미 있는 차이를 가져올 수 있을 것으로 예상된다.

재미없고 딱딱한 설명을 장황하게 늘어놓았지만, 핵심은 아동의 읽기 능력과 문해력 수준에 맞는 문학작품을 꾸준히 읽는 활동이 아동의 인지 능력 향상뿐 아니라 정서지능 및 공감 능력 향상에도 분명히 효과적이라는 사실이다. 이는 인지기능 발달이 늦거나 신체, 정서 발달에 있어 또래보다 지연이 있는 아동들에게도 동일하게 적용된다. 낭독을 꾸준히 하다 보면 분명히 달라진다. 변화와 발전의 속도가 또래 친구들보다 조금은 느리더라도 1년 후, 2년 후에는 분명 이전과 다른 반응이 생겨난다.

자신이 느끼는 감정의 이름을 알면 이를 말로 표현하게 되고, 나아가 가족이나 친구의 마음도 이해하게 되어 상대에게 적절한 행동으로 반응하려는 나름의 노력을 하게 된다. 울거나, 소리 지르거나, 물건을 던지는 행동이 점차 줄어들고 대신 훨씬 적응적인 방법, 즉 언어로 감정을 표현하는 횟수가 늘어나게 된다. 고마울 땐 고맙다고, 미안할 땐 미안 하다고, 속상할 땐 속상하다고 말하는 것이 훨씬 더 효과적이라는 것을 한두 번 경험하게 된다. 거기서부터 제대로 된 의사소통과 사회적 상호작용이 다시 시작되는 것이다.

특별한 친구의 사례이기는 하지만 나의 학생 중 한 아이도 그러했다. 자신의 불안감을 책상을 내려치거나 침을 뱉는 행동으로 표현하던 아이가 졸업을 앞두고 "고등학교 가는 게 조금 긴장되는 것 같아요."라고 말로 표현하던 순간을 잊을 수 없다.

처음에는 간단한 그림책이나 얇은 그림동화에도 집중하기 어려워하던 아이가 점차 200쪽, 300쪽이 넘는 소설을 함께 읽으며 장면을 눈앞에 떠올리고, 그 상황의 긴장감을 '풍전등화'라고 표현하는 순간이 온다. 주인공의 마음을 이해하며 '노심초사'라는 말을 불쑥 내뱉는 날이 온다. 꾸준한 낭독이 만들어 낸 이런 기적 같은 감동의 순간들을 이제부터 하나하나 독자 여러분께 소개하고자 한다.

I 낭독이 좋은 이유
오감을 통해 빠져드는 책 읽기, 낭독

책의 표지를 넘기고는 진지한 표정으로 본격적인 낭독을 시작한다.
"뿌~우웅~"
순간 모두 얼음.

1.5초 후,
"푸하하!"
"깔깔깔~"
냄새가 난다며 코를 쥐고 오버하는 녀석들까지 있어 교실은 한바탕 소란이 인다.

'책을 읽는다'라고 하면 제일 먼저 눈으로 종이 위에 인쇄된 글씨를 읽어 내려가는 장면이 떠오른다. 따라서 책을 읽기 위해 사용하는 감각은 글자를 읽는 '시각' 한 가지라고 생각하기 쉽다. 하지만 조금만 의식을 일깨우면 매우 다양한 방법으로 우리의 오감을 모두 만족시키며 입체적으로 책을 읽을 수 있다.

일단 책장을 넘기는 행위는 '촉각'을 사용한다. 책 표지와 내부 인쇄 용지의 촉감이 다름을 느끼고, 한장 한장 넘길 때마다 종이 모서리의 촉감 역시 손가락 끝에 전해진다. 이때 조금만 의식적으로 귀를 기울인다면 '사락사락' 책장 넘기는 소리도 색다르게 느껴진다.

만약 낭독의 방법으로 책을 읽는다면 더 강력한 '청각' 자극이 더해져 그저 눈으로만 읽을 때보다 책의 내용이 훨씬 더 입체적으로 다가오는 것을 깨닫게 된다. 더 나아가 새로 산 책에서는 새 책 냄새가, 서가에 오래 꽂혀 있었던 책에서는 오래된 책 냄새가 나니 결국 독서 활동은 알게 모르게 우리의 '후각'마저 자극하고 있는 셈이다.

그저 이 정도를 가지고 '오감으로 책 읽기'라고 한다면 당연한 사실을 너무 과장해서 포장한 게 될 터이다. 하지만 느리게 천천히 읽기를 진행하는 나의 교실에서, 책은 더 특별한 감각을 일깨우는 매개체이다. 앞뒤 표지에서부터 본문의 구절 하나하나까지 모두 우리의 눈, 코, 입, 귀, 손을 통해 더 생생한 이야기를 전해 주기 때문이다.

어린이용 그림책들은 아이들의 시선을 잡아끌 매력적인 그림으로 표지를 장식한다. 표지 삽화는 그 책에 대한 첫인상 자체이며, 본문 삽화들 역시 대부분 표지 그림과 같은 화풍으로 그려진다. 삽화는 아이들로 하여금 그 책을 읽을까 말까를 결정하게 하는 매우 중요한 요소다. 그림책의 경우 책의 내용을 효과적으로 잘 전달할 수 있는 삽화가 거의 모든 페이지에 나오고, 초등 저학년이나 중학년을 주요 독자층으로 하는 도서들 역시 삽화가 꽤 여러 장 들어가 있다. 이러한 삽화는 글밥이 많은 책에 익숙하지 않은 아이들이 글로 표현된 것 이상으로 장면을 정확하고 상세하게 떠올리고 상상할 수 있도록 돕는 시각 정보 역할을 한다.

새로운 책을 처음 읽기 시작하는 날이면 나는 늘 표지 탐색 활동부터 시작한다. 일대일 수업이거나 책이 학생 수만큼 제공되면 각자 책을 손에 들고 표지를 탐색하도록 하고, 책이 한 권밖에 없다면 표지를 스캔한 파일을 모니터에 크게 띄워놓고 아이들이 쉽게 표지를 탐색할 수 있도록 한다.

"자, 오늘 읽을 책 제목은 〈방귀 만세〉*예요. 표지를 잘 살펴보고 뭐가 보이는지 하나씩 얘기해 보자."

아이들에게 시간을 주고 표지에서 찾아낸 것은 무엇이든 이야기해 보자고 말한다. 많으면 많을수록 좋다. 처음에는 '어떤 것을 말할까?' 망설이지만, 매력적인 상품까지 내걸면 이제 너도나도 경쟁적으로 손을 들고 이야기를 하기 시작한다.

"제목이 빨간색이에요. '방귀 만세!'"
"작가 이름이 우리나라 사람 아닌 것 같아요. '후쿠다 이와오!'"
"가운데 아저씨 넥타이가 옷 속으로 들어갔어요."
"수염이 있어요."
"애들이 많아요. 음… 하나, 둘, 셋……. 열세 명이에요."
"맨 앞에 남자애가 옆에 여자애를 쳐다봐요."

---

*〈방귀만세〉, 후쿠다 이와오, 미래엔아이세움

평소보다 눈을 두 배로 크게 뜨고 눈동자를 이리저리로 굴리며 친구들이 아직 찾지 못한 무언가를 찾으려고 노력한다. 이보다 더 효과적인 시지각 운동이 있을까 싶다. 하나라도 놓칠까 싶어 손가락으로 그림을 하나하나 짚어가며 꼼꼼히 찾는 촉각 사용자도 있다.

가끔은 제목이나 그림 요소 일부를 약간 다른 소재로 처리해서 입체적으로 느껴지게 제작한 표지도 있는데 이를 최초 발견해서 발표한 녀석은 어깨가 으쓱해진다. 만약 시리즈 도서를 차례대로 읽는다면 다음 책으로 넘어갈 때마다 1권과 2권, 혹은 1-2-3권을 모두 펴놓고 같은 점과 다른 점을 찾는 것도 재미있는 활동이 된다.

"자, 이제 진짜 시작한다~ 제목 '방귀 만세'. 빠밤!"

표지를 활용한 독서 활동을 어느 정도 했으면 다시 한번 제목을 읽고 본문으로 들어간다. 언제부터 생긴 습관인지는 정확히 기억나지 않지만 나는 항상 본문 읽기를 시작하기 전 제목을 다시 한번 읽고 입으로 크게 효과음을 낸다. 본격적으로 이야기가 시작된다는 청각적 시그널을 보내는 것이다. 그런데 이 책은 본문 첫 부분부터 심상치 않다. 책을 펼치자마자 온 교실에 이런 소리가 울려 퍼지기 때문이다.

"뿌~우웅~"

방귀 소리는 조금 크고 또렷하게 강조해서 과장된 소리를 낸다. 단 두 글자를 읽었을 뿐인데 다들 배를 잡고 깔깔대고, 나지도 않는 냄새가 난다고 코를 쥐고 난리법석이다. 아이들의 상상력은 실제 존재하지 않는 후각 자극도 생생하게 만들어 내는 걸까.

이렇게 흥미가 발동된 책의 스토리는 아이들을 몰입시키는 힘이 강하다. 이후부터는 아이들과 계속 실감 나게 책을 읽어 나가며 중간 중간 삽화 속 숨은 보물들을 찾아내기만 하면 된다.

물론 모든 책이 '방귀' 같은 이야기로 폭소를 유발하지는 않는다. 그러나 모든 책은 각양각색의 생생한 표현들로 독자들의 오감을 일깨운다. 그렇게 깨어난 감각들은 독자의 상상력을 동력 삼아 마지막 책장까지 넘기게 만든다. 중고등학생 시절 국어 시간에 열심히 공부했던 '공감각적 표현'을 그림책에서도 자주 만나게 된다.

> **소피가
> 뻘겋게
> 시뻘겋게 소리쳐요.
> "으아아아~"**
>
> 〈소피가 화나면, 정말 정말 화나면〉, 몰리 뱅, 책읽는곰
>
> ‼️어때요? 소피의 감정이 마치 눈앞에 보이는 것처럼
> 더 생생하게 느껴지지 않나요?

수준 높은 고전 문학작품 역시 등장인물 간의 관계나 대화, 중심 사건을 순서대로 늘어놓는 것만으로는 이야기를 제대로 전달할 수 없다. 등장인물의 외모나 행동, 말투의 특징을 마치 실제 눈으로 보고 귀로 듣고 있는 것처럼 떠올려 볼 수 있도록 매우 생생하고 구체적으로 표현한다.

사건의 배경이 되는 시간이나 계절, 장소적 특성을 독자들에게 이해시키기 위해 사실적 설명과 함께 다양한 감각적 묘사가 뒤따른다. 사건을 둘러싼 상황 및 사건 전개 과정 역시 생동감 있게 전달하기 위한 여러 감각적 표현 기법들이 사용된다.

예를 들면 유명한 고전 〈빨강 머리 앤〉에서는 첫 장부터 레이철 린드 부인의 집 앞에 펼쳐진 풍경이 섬세하고 생동감 넘치는 언어로 표현된다. 갖가지 나무들이 늘어선 모습과 굽이치던 개울의 흐름이 변하는 모습, 햇살과 꽃들의 빛깔, 벌들이 윙윙 날아다니는 소리까지 눈앞에 영상을 제시하듯 상세히 그려내고 있다. 조금만 상상력을 발휘하면 마치 내가 싱그러운 과일 향으로 가득한 과수원 마을에서 실제 흐르는 물소리, 벌 소리를 듣고 있는 것처럼 느껴질 정도이다.

그렇게 다양한 감각 자극에 빠져 그림책 한 권 혹은 그날 수업에 읽을 분량을 다 읽고 나면 열심히 책을 읽은 아이들에게 보상이 주어진다. 과일 젤리나 비타민같이 달콤한 간식을 한 개씩 아이들에게 나누어 주는 것이다. 공부를 달콤하고 즐거운 활동으로 인식시키기 위해 책에 꿀을 묻혀 놓고 읽게 했다는 유대인의 꿀맛 교육을 나만의 방식으로 바꾸어 실천하는 셈이다. 나는 오늘도 이렇게 오감이 만족스러운 낭독 수업을 진행한다.

| 부모-자녀 함께 읽기
다시 책으로 대화를 시작하자

요즘은 엄마 혹은 아빠와 함께 책을 읽어 본 경험이 한 번도 없는 아이를 찾기가 거의 불가능할 정도로 모든 부모가 어릴 때부터 자녀에게 책을 읽어주는 일에 열과 성을 다한다. 책을 많이 읽으면 IQ도 좋아지고, EQ도 좋아지고, 창의력과 인성까지 좋아진다니 이렇게 좋은 책을 안 읽힐 부모가 어디 있겠는가.

내 아이를 똘똘하게 키우기 위하여 시작한 책 읽기였지만 돌아보면 부모에게 있어서 그때가 가장 행복했던 시절이 아니었을까 싶다. 사랑스러운 아이를 품 안에 꼭 끌어안고, 세상 다정한 엄마 아빠의 목소리로 책을 읽어주었을 것이다. 목이 아프도록 하루에도 몇 권씩, 때로는 깔깔대며 웃고, 때로는 눈물도 글썽이며, 함께 눈을 맞추고 마음을 맞추었던 그 시간을 부모라면 누구나 금세 떠올릴 수 있을 것이다.

그러나 슬프게도 이렇게 즐거운 독서의 추억은 딱 초등학교 저학년, 길어봐야 중학년까지에 그친다. 다들 알다시피 초등 고학년부터 기나긴 입시 준비 레이스에 뛰어들기 시작하면 상황이 180도로 달라지기 때문이다. 수학 선행을 필두로 영어, 국어, 과학, 사회로 이어지는 중고등학교 내신과 수행평가를 위한 전투력을 키워주기에도 너무 바빠 이제 함께 책을 읽을 여유 같은 건 마음속에서 사라져 버린다.

부모와 아이가 함께 눈을 맞추는 일이 줄어들고, 생각과 마음을 나누는 대화가 사라지기 시작하는 시점도 바로 이즈음이다. 이때부터 대화의 주제는 수학 선행 진도와 학교나 학원의 시험 점수, 그리고 그 점수로 갈 수 있는 대학 이름으로 바뀌어버린다. 아이와 함께 나누던 책 속 주인공들의 이야기, 그와 맞닿아 있던 아이의 어릴 적 꿈 이야기는 어느새 기억 저편으로 사라져 버린다.

한 해, 두 해가 그렇게 지나가면 아이는 사춘기라는 터널로 들어선다. 그렇게나 잘 웃고, 그렇게나 말이 많던 나의 아들과 딸은 이제 불러도 대답없는 방문 뒤의 그, 예민하고 까칠해서 부르기가 망설여지는 그녀가 된다. 얼굴을 마주할 수 없으니, 대화도 할 수 없고, 그 속내는 더더욱 알 수가 없다. 물론 아이의 사춘기도 언젠가는 끝이 난다. 그러나 이미 단절된 대화는 사춘기가 다 지난 후에도 다시 시작하기가 무척 어렵다. 아이는 이미 커버렸고 서로의 마음을 나눈 지도 너무 오래되어 버렸기 때문이다.

사실 부모는 자신의 아이에 관해서는 세상 누구보다도 전문가였다. 아이의 성향을 누구보다 잘 알고, 어떤 성장 과정을 거쳐왔는지도 잘 알기에 아이의 얼굴만 보아도 지금 어떤 기분이고 어떤 걸 원하는지 척척 알아내는 능력자였다. 따라서 이 세상에서 아이와 함께 책을 읽기에 가장 적합한 사람을 선택해야 한다면 그건 다름 아닌 부모여야 한다.

부모가 아이와 함께 책을 읽고 대화를 이어가는 일을 멈추지 않으면 어떨까. 혹 이미 멈춰진 상태라도 다시 책을 매개로 단절된 대화를 이어가 보면 어떨까. 사춘기의 어두운 터널을 혼자서 힘겹게 통과하고 있는 우리의 아들, 딸에게 책 한 권을 핑계 삼아 조금은 어색하지만, 그래도 용기를 내어 한 마디를 건네보면 어떨까.

앞서 언급했지만 어른이 아이에게 책을 읽어주는 활동은 반드시 아이의 나이가 어리거나 읽기 능력이 부족한 경우에만 필요한 것은 아니다. 〈하루 15분 책 읽어주기의 힘〉(북라인)의 저자 짐 트렐리즈는 부모가 10대 자녀들에게 책 읽어주기를 권한다. 사람의 듣기 수준과 읽기 수준이 만 15세쯤 되어야 같아진다는 점도 근거로 제시한다. 혼자 눈으로 읽을 때는 잘 이해되지 않는 내용도 남의 입을 통해 들으면 훨씬 쉽게 이해되었던 경험을 떠올리면 고개가 끄덕여진다. 아이들마다 인지발달 속도의 차이가 있는 점을 고려하면 15세 이후라도 부모와 함께 책 읽기는 의미 있는 활동이다. 일상에서 부모가 뉴스 기사나 책에서 접한 내용을 자녀에게 읽어주고 대화를 이어간다면 자녀의 문해력 향상 뿐 아니라 부모-자녀 관계에 있어서도 긍정적인 영향을 줄 것이다.

자, 이제 10세 이하의 자녀뿐 아니라 청소년 자녀와도 함께 책을 읽어야 할 이유가 분명해졌다. 그래도 오늘 당장 아이에게 함께 읽자며 책을 들이밀기가 영 어색하다면 오늘 접한 인터넷 기사 한 구절부터 식탁에 앉아 소리 내서 읽기 시작해 보자. 아이가 고개를 들어 '갑자기 왜 그러느냐'라는 눈빛을 보내온다면 성공이다.

이제 한 마디만 건네보자.

"오늘 읽은 인터넷 기사 내용인데 엄마는 ~~~한 생각이 드는 거야. 네 생각은 어때?"

아이의 대답이 '아, 몰라'나 어깨를 으쓱하는 정도로 끝나도 괜찮다. 부모가 글로 읽은 내용을 함께 나누고 싶어 한다는 메시지를 전달했다면 이미 함께 책 읽기와 대화는 시작된 것이다. 이제는 물러설 수 없다. 시작된 대화를 이어가려면 아이와 나눌 흥미로운 기사문, 괜찮은 책 한 구절을 계속 찾아 나서야 한다. 그렇게 부모가 먼저 다시 책을 읽기 시작하면 머지않아 아이도 부모 곁에 다가와 앉으며 이렇게 말할 것이다.

"엄마, 오늘은 뭐 괜찮은 구절 읽은 거 없어?"

┃교사-학생 함께 읽기
이럴 땐 어떻게 하면 좋을까?

(1) 낭독을 어려워하는 아이들을 지도할 때

우리 학급의 독서 수업에서는 교사인 나의 낭독 분량이 상대적으로 많다. 아이들 서너 명과 함께하는 시간이라면 처음부터 내가 먼저 낭독을 시작해서 한 5~7분 정도를 혼자 쭉 읽어 내려간다. 아이들이 이야기에 몰입할 때까지 그렇게 나 혼자 읽다가 그다음부터 아이들과 함께 차례대로 일정 분량씩 돌아가며 낭독한다. 일대일 수업의 경우는 새로운 장(챕터) 앞부분(주로 반쪽에서 한쪽 분량)을 먼저 학생이 읽게 하고 이어지는 서너 쪽을 내가 읽고 하는 식으로 진행하기도 한다.

이런 식으로 진행하는 데는 몇 가지 이유가 있는데 그에 따른 내 나름의 지도 방법도 함께 소개해 보려 한다. 혹시 느린 학습자나 특별한 교육적 지원이 필요한 학생을 지도하시는 부모님 혹은 선생님이 이 책을 읽고 계신다면 조금이나마 도움이 될 수 있기를 바란다.

1) 낭독 자신감 불어넣기
우선 내가 지도하는 학생들은 대부분 다른 사람들 앞에서 소리 내서 책을 읽어 본 경험이 많지 않아서 낭독에 대한 자신감이 부족하다. 낭독 활동이 많이 이루어지는 초등 저학년 시기에 나의 학생들은 발달 속도의 차이로 인해 친구들 앞에서 책을 읽기가 쉽지 않았다. 이후 부단한 노력으로 어느 정도 낭독이 가능하게 된 시점에는 이미 고학년이 되어 이제 학교에서는 소리 내서 책을 읽을 일이 거의 없어진다.

이런 경우 일단 낭독 자신감 불어넣기가 가장 시급하다. 나는 학생이 한두 문장만 매끄럽게 읽어도, 아니 제목만 잘 읽어도 칭찬을 아낌없이 쏟아붓는다.
"와~ 막히지도 않고 정말 잘 읽었어!"
"OO이 목소리가 너무 좋구나."
"너무 실감 나게 읽어서 선생님이 깜짝 놀랐어!"

이같이 구체적인 사실을 적시한 칭찬이면 더욱 효과가 좋다. 다소 과장된 선생님의 리액션과 물개박수, 양손 엄지척으로 인해 아이 얼굴에 수줍은 미소가 떠오르면 대성공이다. 다음번 자신이 읽을 차례가 오면 분명히 조금 더 자신 있게, 조금 더 의욕적으로 낭독에 도전하는 모습을 보게 될 것이다.

2) 다양한 읽기 오류의 교정
또 다른 학생들의 어려움은 낭독 속도나 목소리 크기, 유창성, 발음에 있다. 어떤 아이는 지나치게 느린 속도로 책을 읽고, 다른 아이는 목소리가 너무 작아 잘 들리지 않는다.

읽기 도중에 말이 자주 막히거나 멈추기도 하고, 부정확한 발음으로 인해 다른 친구들이 알아듣지 못하는 등 아이들은 다양한 어려움과 맞닥뜨린다. 이런 상황이 계속되면 낭독자와 청자 모두 책 내용에 몰입이 되지 않아 지루해지고 낭독에 흥미를 잃게 되므로 빠른 조율이 필요하다.

낭독 속도나 목소리 크기의 문제는 아이의 성향과 관계가 있을 수도 있고, 글자 해독 및 읽기 유창성, 발음 부정확성과 관계가 있을 수도 있다. 느긋한 성향 때문에 느리게 읽는 것이거나 부끄러움을 많이 타는 성격인 경우는 우선 아이 스스로 교정을 시도해 볼 수 있도록 '빠르게 읽기'나 '적절한 목소리 크기로 읽기'를 권유해 본다.
 "OO아, 우리 조금만 빠르게 읽어 보자."
 "조금만 큰 목소리로 읽어 볼까?"
 만약 아이가 혼자서 속도나 목소리 크기를 바꾸기 어려워한다면 교사와 동시에 읽기를 진행해 볼 수 있다. 이때 교사는 처음에는 아이보다 큰 소리로 읽으며 아동의 낭독 속도와 목소리가 교사의 적정 속도와 목소리 크기를 따라오도록 유도한다. 어느 정도 교정이 되면 그때부터는 점차 교사의 목소리 크기를 줄여나가면서 아이 스스로 적정 속도와 목소리를 유지할 수 있도록 지도하는 것이 좋다. 크게 말하기를 많이 어려워하는 학생이라면 작은 마이크를 이용하도록 하는 방법으로 도움을 줄 수 있다.

 글자 해독 및 읽기 유창성, 발음에 어려움이 있어 읽기 속도가 느려지고 목소리도 작아지는 경우라면 시간이 조금 더 필요하다.
 ① 우선 교사와 함께 글자를 손가락이나 펜 끝으로 짚어가며 소리 내서 책 읽기를 꾸준히 진행한다. 나는 주로 컬러 플러스펜의 뾰족한 뚜껑 끝부분이나 작은 손가락 모양 지시봉을 사용한다. 오늘의 펜 색깔을 학생에게 고르도록 해보자. 혹은 작은 손가락 지시봉을 학생이 직접 손에 들고 낭독 속도에 맞춰 글자를 짚어가도록 해보자.

사소한 차이지만 낭독의 주도권과 흥미를 둘 다 얻은 학생의 집중도와 성취 수준이 미세하게 달라지는 것을 느낄 수 있을 것이다.
② 독서 시간뿐만 아니라 다른 교과 시간에도 학습 과제나 텍스트를 학생이 소리 내서 읽게 하는 등 낭독 기회를 최대한 많이 제공하도록 한다. 이는 낭독 기술 향상에 효과적일 뿐 아니라 해당 수업의 과제나 질문의 핵심 내용, 학습 내용의 이해를 돕는 효과가 있다.
③ 특별히 잘 안되는 발음의 경우 교사가 학생에게 정확한 입 모양을 보여주고 정확한 발음을 들려주어 이를 천천히 모방하여 발음하도록 지도한다. 단, 이러한 지도 시간을 너무 길게 잡거나, 한꺼번에 너무 많은 어휘의 발음을 교정하려 하거나, 한 번에 완성도 높은 발음까지 요구하는 등 지나친 욕심을 부리지 않도록 유의한다. 자칫 잘못하면 아이가 이 과정에 질려 아예 책 읽기를 거부하게 될 수도 있다.

3) 읽기 체력과 주의 집중력 올리기

누구나 좋아하는 일은 얼마든지 오래 할 수 있다. 하지만, 익숙하지도 않고 좋아하지도 않는 활동을 일정 시간 지속해야 한다면 상황이 다르다. 시간이 조금만 지나도 곧 체력이 고갈되는 느낌. 누구나 한 번쯤은 경험해 보아서 잘 알 것이다. 같은 맥락으로 생각하면 아이들이 공부할 때 유난히 빨리 피곤해 하는 것도 이해가 된다.

나의 학생들은 체력적으로 약한 경우가 많아 금방 지치는 경향을 보인다. 특히 독서와 같은 정적인 학습활동에 있어서는 주의집중이 더 힘들어, 수업을 시작한 지 얼마 되지도 않았는데 금방 포기하려는 모습을 보인다. 이때는 학생이 어렵지 않게 도전할 만한 분량으로 조절하여 과제를 제시할 필요가 있다.

나는 아이들의 낭독 분량을 학생의 읽기 체력과 주의 집중력에 따라 조절한다. 처음에는 학생의 특성에 따라 너무 부담스럽지 않은 분량에서부터 시작하고 익숙해지면 점차 분량을 늘려나가는 방식으로 진행한다. 글자 해독 자체의 어려움으로 인해 오래 낭독하기 힘든 학생이나 주의집중이 어려워 낭독에 쉽게 싫증을 내는 학생의 경우는 처음에 한 단락(서너 문장 정도)만 정도만 읽도록 한다. 낭독하기를 좋아하기는 하지만 말이 자꾸 막히거나 더듬는 탓에 자꾸만 긴장하는 학생이라면 반쪽(두 단락) 분량에서 시작해서 조금 천천히 읽도록 하고 틀려도 괜찮다고 격려하며 긴장감을 덜어준다.

몇 달 후 처음 제시했던 읽기 분량의 유창성이 좋아지면 분량을 조금씩 늘려간다. 이렇게 분량을 조절해 주면, 학생들이 낭독에 도전하기 쉬워지고, 점차 자신감이 향상되어 텍스트에 대한 집중력도 좋아진다.
한 문장도 채 다 읽기 전에 자꾸만 딴생각이 떠올라 읽기를 여러 번 멈추고, 계속 읽도록 촉구하면 화를 폭발하던 학생이 있었다. 위에 제시한 방법으로 지도하여 낭독 3년 차에 접어들자, 그 학생은 거의 두 페이지 분량도 혼자서 짜증 내지 않고 연속해서 읽어 내는 모습을 보여주었다. 물론 가끔 교사의 언어적 촉구가 필요하기도 하지만 일단 분량을 소화하고 다른 친구가 낭독하는 부분도 집중해서 따라오게 되었다는 것은 놀라운 변화이다.

너무 급하게 마음먹지 말자. 천천히 그러나 꾸준히, 최소한 1년 이상 계속해서 아이들과 책을 읽다 보면 작은 변화가 하나둘씩 생겨난다. 그 변화가 쌓여 큰 변화를 만들어 낸다. 중요한 것은 아이들을 믿고, 또 낭독의 힘을 믿고 기다려 주는 것이다.

(2) 교사와 학생이 함께하는 낭독이 특별한 이유

교사가 학생들과 함께 낭독할 때 읽어야 하는 책에 특별한 기준은 없다. 하지만 적어도 딱딱한 지식 중심의 책보다는 배경지식과 스토리가 공존하는 책이어야 한다. 학생들이 자발적으로는 골라 읽을 것 같지 않은, 조금 어렵지만 교사가 이끌어 주면 충분히 읽을 수 있는 책을 선택한다면 교사-학생 낭독의 효과를 톡톡히 볼 수 있다.

교사와 학생이 같은 책을 읽고 이야기를 나누는 것은 텍스트 내용의 확인을 넘어서는 일이다. 동일한 작품을 함께 읽어 내려가면서 이야기의 흐름 사이 사이에 제각기 품었던 의문과 생각, 감정들을 공유하는 것이다.

'아, 저 아이는 이런 마음새를 가지고 있구나. 지금까지는 보지 못했던 모습인걸?'

'아, 저 학생은 저 부분에 마음이 갔구나. 그런 의문점을 갖다니! 나도 생각지 못했던 건데.'

'우와~ 선생님이 나랑 비슷한 생각을 하셨다니 기분 좋네? 뭔가 통하는 느낌이 든다.'

'진짜? 나는 미처 생각 못 했던 점인데 그렇게도 바라볼 수 있겠구나. 여럿이서 책을 읽으니 이렇게 다양한 생각들이 나오는구나.'

그저 책 한 권 함께 읽고 이야기를 나누었을 뿐인데 꼭 여러 사람의 마음을 들여다본 것 같은 느낌이 든다. 왠지 상대방을 더 깊이 이해하게 된 것 같은 느낌. 내가 알지 못했던 친구나 선생님에 대해 이전과는 다른 친근감이 느껴지고 더 알고 싶어지는 마음. 책을 매개로 하니 남 얘기를 하듯 내 속 얘기를 술술 하게 되는 마법에 걸린 것 같다. 일대일 상담을 할 때도 나오지 않던 이야기들이 하나둘씩 나오기 시작하니 말이다.

이런 신기한 효과는 각자 조용히 묵독했을 때보다 함께 같은 호흡으로 소리 내서 릴레이 낭독을 했을 때 더 강력하다. 같은 공간 안에서 한 사람 한 사람이 차례로 자신의 목소리를 내어주며 이야기의 흐름을 타고 노 저어간다. 동시에 같은 구절에 눈과 귀를 모으고, 같은 장면을 상상하고, 등장인물들의 감정을 공유하는 경험을 한다. 단 한 번뿐인 이 특별한 여행을 마치고 난 뒤 각자 느끼고 생각한 것들을 나누는 시간은 더할 나위 없이 뜻깊은 뒤풀이가 된다.

여럿이 소리 내서 책을 읽는 일이 어린아이들만의 독서 방식이라 생각하지 않길 바란다. 더 깊이, 더 생생히 입체적으로 책을 읽기 원하는 사람이라면 누구나 할 수 있는 독서 방법이자 비법이다. 지금보다 더 많은 선생님과 학생들이 이런 행복한 독서 경험을 함께 누렸으면 좋겠다.

실제 낭독 수업 장면 들여다보기

　나는 주로 대그룹 낭독과 일대일 낭독 수업을 각각 주 1회씩 설정해서 각 학기 시간표를 구성한다. 나의 독서 수업 방식은 '낭독'이자 '슬로 리딩'이다. 그리고 특별한 아이들과 함께하는 수업이다. 그렇기에 좀 더 특별한 세심함이 필요하다.

"다들 책 읽을 준비 됐나요? 바로 시작해도 될까요?"

　수업을 시작하기 전 책 준비뿐 아니라 책을 읽을 마음의 준비가 되었는지 먼저 살핀다. 아이들이 모두 "네~"라고 대답하더라도 컨디션이 안 좋은 아이는 없는지, 친구랑 툭탁거리고 입이 나와 있는 녀석은 없는지 빠르게 각각의 표정을 하나하나 스캔한다. 아이들의 얼굴에 불편이나 불만이 묻어있다면 그 문제를 먼저 해결해 주어야 다 같이 편안하게 집중해서 낭독을 시작할 수 있다.

　준비가 다 되었다면 책에서 그날 읽을 부분을 펼친다. 한 시간에 끝낼 수 있는 그림책이 아닌 경우 가능하면 한 수업 시간 내 소제목 '한 장(챕터)'을 마무리하도록 시간을 조절한다. 시간 분량이 맞지 않아 한 장을 마무리하지 못하고 중간에 수업을 마치게 된다면 플래그 스티커를 사용해서 읽은 부분을 표시해 두고, 다음 시간에 시작 할 때는 지난 시간 마지막으로 읽었던 내용을 한번 언급하고 그다음 문장부터 읽는다.

낭독은 교사가 먼저 시작한다. 등장인물의 성격에 맞게 목소리와 어투를 바꿔가며 감정을 살려 최대한 실감 나게 책을 읽는다. 그래야 아이들의 눈과 귀와 마음이 책 속으로 순식간에 빨려 들어오기 때문이다. 이때는 아이를 키워본 엄마아빠 교사가 약간 유리하다. 다년간 수많은 동화책을 목이 아프도록 낭독해 온 경험이 여기서 빛을 발한다. 하지만 동화 구연에 재능이 있는 선생님이라면 '부모' 미경험자라도 무리 없이 잘 해낼 수 있을 것이다.

수업 초반 5분에서 10분 정도(서너 쪽)를 교사 혼자서 쭉 읽고 나면 다음 낭독자에게 바통을 넘긴다. 이제부터는 릴레이 낭독이다. 한 학생이 자기 분량을 읽고 나면, 다음 학생이 뒷부분을 이어서 읽는다. 일인당 낭독 분량을 한 쪽 혹은 두 쪽으로 정하고, 마지막 문장이 두 쪽에 걸쳐 있는 경우 그 문장의 마침표까지 읽는 것을 원칙으로 정하면 편하다.

낭독 순서는 앉은 자리를 기준으로 시계 방향 또는 반시계 방향으로 돌아가며 읽도록 한다. 이렇게 지속하면 아이들도 곧 익숙해져서 누가 말하지 않아도 자기 순서에 맞게 착착 낭독을 이어가므로 다음 주자를 지목하느라 맥이 끊어지는 일이 줄어든다.

앞에서 언급했던 것처럼 낭독 수업 초기에는 한 아이가 한 번에 읽는 분량을 적게 부과해서 큰 부담 없이 자기 몫을 해낼 수 있도록 유도한다. 한두 달 정도 지나 아이들이 처음 분량을 수월하게 읽게 되면 조금씩 개인 분량을 늘려 점점 한 번에 읽을 수 있는 호흡이 길어지도록 유도한다. 하지만 모든 학생의 읽기 분량을 일괄적으로 똑같이 부여할 필요는 없고, 학생의 특성을 고려하여 늘려가는 융통성이 필요하다.

낭독 도중에 잠시 멈추는 순간이 있다. 아이들로부터 질문이 들어오거나 내가 질문해야 할 순간 말이다. 아이들이 질문을 먼저 해온다면 매우 긍정적이지만, 질문이 있어야 하는데 질문하지 않고 있다면 반대로 내가 질문을 해야 할 순간인 거다.

먼저 아이들이 **뜻을 알기 어려운 어휘나 은유적 표현**이 나오는 경우, 그 낱말이 내용 이해에 꼭 필요한 것인 경우, 읽던 단락이 끝날 때까지 기다렸다가 멈춘다(가급적 문장 도중에 멈춰 글의 흐름이 끊기는 일이 없도록 주의한다). 그리고 나서 그 어휘의 의미를 아는지 물어 아이들의 이해 여부를 파악한다. 조금이라도 에둘러 비슷한 설명을 하는 아이가 있다면 칭찬해 주고, 더 정확한 낱말 뜻을 보충적으로 설명해 준다.

그 어휘가 아이들에게 낯선 사물의 이름이라면 칠판에 그림을 그려 보여주거나 스마트폰, 태블릿 PC, 전자칠판 등으로 이미지를 찾아 보여줄 수 있다. 때로는 낱말 뜻을 인터넷 사전으로 검색해서 보여주고 관련 이미지를 뒤이어 보여주는 방법을 쓰기도 한다. 하지만 낱말 뜻 찾기로 너무 긴 시간을 소요하면 분위기가 산만해지고 다시 집중하기 어려워지므로 한 수업에서 여러 번 반복하는 것은 피한다.

등장인물의 심리상태를 제대로 이해하고 넘어가야 할 필요가 있을 때도 낭독을 멈춘다. 이 경우는 주로 내가 질문을 던진다. 사실은 질문이 아니라 '발문(학습자의 사고 활동을 자극하여 논리 전개와 학습을 유도하는 질문)'이다.

"정후와 우연이가 100m 달리기를 하는데 우연이가 도중에 고꾸라져서 결국 정후가 이겼어. 정후를 짝사랑하던 수현이는 벌떡 일어나 정후가 아닌 우연이 쪽을 바라보았지. 그 모습을 본 지아는 수현이에게 고개를 절레절레 흔들며 '끝났구나, 너.'라고 말했어. 왜 그랬을까? 뭐가 끝났다는 걸까?"

그림책에서 초등용 창작 소설, 청소년 소설로 올라갈수록 등장인물들의 마음을 이해하는 일이 점점 어려워진다. 이제 결정적인 힌트가 되었던 삽화도 없고, 명확한 감정 단어도 없다. 그저 등장인물의 행동과 은유적 표현 속에서 행간의 숨은 의미를 찾아내야 한다. 그래서 나는 발문을 통해 학생 스스로 글의 맥락을 되짚어 보고 등장인물의 감정이 어떤 상태인지 알아차리도록 자극하는 것이다. 약간의 단서를 제공하면서.

그렇게 상황을 파악하고, 인물의 마음도 알게 되면 스토리가 왜 그렇게 전개되는지 이해가 되기 시작한다. 이런 과정이 일반화되면 우리 아이들은 일상생활 속에서 가족이나 친구의 마음도, 자신의 마음도 이전보다 더 잘 이해하게 된다. 사실 이 점이 내가 아이들과 책을 읽는 가장 중요한 목적이기도 하다.

책을 읽다 보면 식곤증 때문이든 책의 내용 때문이든 졸릴 수도 있고 지루할 수도 있다. 지루함이나 졸음 역시 전염성이 있는 것이어서, 한두 명이 하품을 하기 시작하면 모두가 늘어지는 분위기가 된다. 그럴 때는 5분 휴식을 하면서 작은 사탕을 한 개씩 나눠 주거나 다 같이 리듬 박수 치기, 스트레칭 등으로 잠을 깨운다. 그러고 나면 분위기도 전환이 되고 곧 다시 집중해서 낭독을 이어갈 수 있다.

나는 위와 같은 방법으로 낭독 수업을 진행한다. 한 문장 한 문장 같은 호흡으로, 그러나 여럿의 목소리로 나누어 읽으며, 아이들이 느끼는 것을 나도 고스란히 함께 느낀다. 우스운 장면에서는 같이 킥킥거리며, 슬픈 장면에선 같이 울먹거리며 감정을 공유한다.

이제부터 그렇게 읽어 온 수많은 책 가운데 일부를 교실 속 에피소드 혹은 나의 경험 이야기와 함께 소개해 보려 한다. 재수록을 흔쾌히 허가해 주신 작가님과 출판사의 책은 본문 중 마음에 진하게 와닿은 낭독 구절을 발췌해서 담았으니 꼭 한 번 소리 내서 읽어 보시길 바란다. 눈으로만 읽을 때와는 확연히 다른 울림과 감정이 느껴질 것이다. 그 포인트가 바로 아이들과 함께 책을 낭독할 이유이자 의미가 된다.

셋

천천히 내 마음을 알아가는 중입니다

1 웃음 버튼으로 마음 열기:
〈방귀만세〉

터치만 하면 휴대전화나 태블릿 PC에서 재미있는 영상이 쏟아져 나오고, 리모컨만 누르면 집 안에 앉아서도 최신 영화나 전 세계 드라마를 손쉽게 즐길 수 있는 요즘이다. 그에 비하면 책 읽기, 특히 낭독은 너무 번거롭고 지루한 작업이 아닐 수 없다.

내 눈과 입으로 애써 글자를 읽어야 하고, 보이지 않는 장면을 직접 상상해 내야 하고, 시간도 훨씬 오래 걸린다. 이처럼 많은 수고를 들여야 하는 대상에게 아이들이 먼저 다가가게 하기란 쉽지 않다. 따라서 아이들이 책 읽기에 흥미를 갖게 하려면 나이와 취향에 딱 맞는 재미있고 매력적인 책에서부터 시작해야 한다. 그래야 책에 관심도 생기고 마음도 열린다.

여학생이라면 소녀들의 아기자기한 에피소드와 꽃미남 주인공의 삽화가 필수이고, 남학생이라면 박진감 넘치는 모험과 스릴러, 대결 구도가 좀 담겨있어야 흥미를 끌 수 있다. 하지만 조금 어린 나이의 취향이라면 뭐니 뭐니 해도 우리 몸의 생리작용에 관련된 이야기, 특히 먹거리와 똥, 방귀 이야기가 단연 최고이다.

독서 활동 초기에 아이와 함께 낄낄 깔깔 웃으며 라포를 형성하기 좋은 그림책 중 하나로 앞서 잠깐 언급했던 〈방귀 만세〉(후쿠다 이와오, 미래엔아이세움)를 들 수 있다. 이 책은 〈1학년이 나가신다〉, 〈빨간 매미〉 등으로 유명한 일본 그림책 작가 후쿠다 이와오의 작품이다.

고요한 교실에 울려 퍼진 방귀 소리. 이에 반응하는 아이들의 생동감 넘치는 표정과 대사를 하나씩 찾아보는 재미가 쏠쏠하다. 하지만 '방귀'라는 한 가지 소재에만 집중된 이야기는 아니다. 교실 속 선생님과 아이들의 대화를 따라가다 보면 더 이상 방귀는 창피한 것도, 놀려먹기 좋은 사건도 아니라고 여겨진다. 사람이든 동물이든 세상의 모든 대상이 그저 '있는 그대로 지극히 자연스럽고 소중한 존재'로 다가온다. 아이들의 사소한 표정 변화 하나하나에 작가의 섬세한 위트가 드러나고, 유머와 지혜로 아이들을 모두 포용하는 선생님의 마음 씀씀이에서 따뜻한 사랑이 느껴진다.

이 책을 그룹으로 읽을 때는 책의 삽화를 스크린에 크게 띄워놓고 잔잔한 배경음악과 함께 페이지를 넘기며 읽어가는 방식으로 수업을 진행하면 좋다.

"뽀옹~! 오??? 이거 무슨 소리야?"
"방귀 소리!!!"
"잉? 누구야? 정인이야? 성혁인가?"
"저 아니에요~!!! 책에서 그랬어요!!!"
"그래? 책 속 어디? 누구? 샘은 그림만 봐서는 누군지 모르겠는데…. 너희는 혹시 누가 방귀 뀐 건지 알겠어?"
"저기요~ 4분단 맨 끝에 앉은 남자애 같아요!"
"아니야! 2분단 맨 앞 여자애예요!"

이런 대화를 주고 받으며 책을 읽기 시작하면 아이들은 어느새 이야기 속 교실로 빨려 들어가 있다. 각각의 장면마다 나오는 새로운 방귀 범인을 아이들과 함께 맞춰 보는 것도 꽤나 재미있다. 이때는 읽어주는 교사나 부모의 천연덕스러운 연기가 매우 중요하다.

순수한 아이들의 반응에 따라 대화를 주고받으며 실컷 웃다 보면, 작가가 전하는 친구와 가족, 스승과 제자 간의 사랑과 관심, 자연의 생동감이 말하지 않아도 '자연스럽게' 아이들에게 녹아 들어간다. 〈방귀 만세〉는 유쾌하고 따뜻하게 웃음과 감동을 전달하며 책 읽는 즐거움을 즉각적으로 맛보게 해주는 책이다. 책 읽기를 거부하는 유·아동 또는 초등 저학년 아이들과 흥미진진하게 낭독을 시작하기에 좋은 책으로 이 책을 권해본다.

I 친밀한 소재로 책에 정 붙이기: 〈똥볶이 할멈〉

〈똥볶이 할멈〉
(강효미 글, 김무연 그림, 슈크림북)

    그림책에서 글밥을 조금 늘리고 싶은 시기에 재미있게 읽기 좋은 책, 낭독에 흥미도 자신도 없는 아이의 마음을 끌어당기기에 좋은 책으로 〈똥볶이 할멈〉(강효미, 슈크림북) 시리즈를 추천하고 싶다. 방귀 이야기에 이어 이번엔 똥 얘기인가 하시겠지만, 사실 이 책은 아이들의 최애 메뉴인 떡볶이집 주인 할머니가 놀랍게도 K-히어로(?)로 변신하여 단골손님들의 고민을 해결해 나가는 이야기다.

    방과 후 하굣길에 절대 그냥 지나칠 수 없는 '방과 후 할멈 떡볶이'. 이 떡볶이 가게의 사장님에게는 비밀이 있다. 낮에는 평범한 분식집 할머니지만, 업무 종료 후에는 '똥볶이 할멈'으로 변신하여 곤경에 빠진 어린이 손님들의 사건을 해결해 주는 여전사인 것. 길고양이 치즈는 그녀의 조수이다.

이 책은 삽화가 많고 챕터북 형식으로 되어 있어 하루에 조금씩 나누어 읽기 편하다. 또한 교실 장면 이야기, SNS와 '좋아요', 괴롭힘, 반려동물 등 아이들이 공감할 만한 소재를 중심으로 이야기를 풀어나가므로, 한번 읽기 시작하면 앉은 자리에서 한 권을 다 읽게 만들 수도 있다. 재미있는 삽화가 거의 한 페이지 걸러 한 번씩 나오니 책장이 더욱 쉽게 넘어간다.

이 책을 낭독하다 보면 놀라운 경험을 하게 된다. 평소에는 낭독이 자신 없어 이리 빼고 저리 빼던 아이가 마치 다른 사람이 된 듯 술술 책을 읽어 나가는 상황이 벌어지니 말이다. 그 어떤 언어치료사 선생님도 이보다 빨리 유창성을 향상시킬 수는 없을 것이다. 이 책의 어떤 특별함이 그런 마법을 부리는 걸까?

이 책을 만난 후 가장 드라마틱한 변화를 보여준 아이가 정인이였다. 활동적인 예체능 시간에는 매우 열정적이고 적극적인 모습으로 수업에 참여하지만, 차분히 책상에 앉아 글자를 읽어야 하는 기초교과수업 시간이면 시작한 지 채 5분도 안 되어 하품을 연거푸 하며 눈물을 흘리곤 하던 아이였다. 그런 정인이가 〈똥볶이 할멈〉의 매력에 빠져 낭독의 즐거움을 알게 된 것이다.

정인이는 청각장애를 가지고 있고, 한글 숙지도 아직 미흡한 상황이었다. 책을 낭독할 때면 늘 평소 이야기할 때보다 목소리가 작아졌고, 발음도 부정확했으며, 모르는 글자는 대충 얼버무리고 넘어가는 경우가 많았다. 책 읽기에 자신이 없으니, 흥미가 떨어지는 것은 지극히 당연한 일이었다. 그런 정인이가 어느 날 갑자기 마법에라도 걸린 듯 책의 어떤 대목을 더듬거리지도, 얼버무리지도 않고, 정확한 발음으로 자신 있게 술술 읽어 내려간 것이다! 순간 나는 내 귀를 의심하지 않을 수 없었다.

'진짜 지금 정인이 혼자 다 읽은 게 맞나?'

마법의 낭독 구절은 바로 다음 대목이다. 독자 여러분도 한번 소리 내서 읽어 보시길 바란다. 바~로 '아하!' 소리가 나올 것이다.

> "이 마법의 주문에 걸리면
> 매콤 떡볶이, 짜장 떡볶이, 치즈 떡볶이, 간장 떡볶이, 크림 떡볶이,
> 기름 떡볶이, 국물 떡볶이, 옛날 떡볶이, 즉석 떡볶이 등등
> 그 어떤 맛 좋은 떡볶이를 먹는다 해도…"
>
> 〈똥볶이 할멈 1〉, (강효미 글, 슈크림 북), p.57중에서
>
> ‼️좋아하는 떡볶이 메뉴가 한두 가지도 아니고
> 끝없이 줄지어 나옵니다!
> 이러니 아이들이 신나서 낭독하는 것 아니겠어요? ^^

나는 그 순간을 놓치지 않고 양손으로 엄지척을 날리며 정인이에게 폭풍 칭찬을 쏟아내었다.

"와~ 정인아! 우리 정인이 정말 대단하다! 어떻게 그렇게 한 글자도 안 틀리고 정확하게 술술술 잘 읽을 수가 있어? 선생님보다 더 잘 읽는데? 진짜 멋져! 최고야! 최고!!!"

그 시간 이후부터 낭독 수업 중에 정인이의 하품 빈도는 눈에 띄게 줄어들었다. 혼자 읽는 낭독 분량도 전보다 더 많이 읽겠다며 강한 자신감과 의욕을 보였다. 아이들의 흥미와 관심은 성취 경험으로, 성취 경험은 자신감과 또 다른 도전 욕구로 이어진다.

아이들은 자신들이 좋아하는 것은 빠르고 정확하고 매끄럽게 읽어 내려는 욕구가 있고, 그렇게 해낼 잠재력 역시 가지고 있다. 필자가 학생들에게 종종 학교 급식메뉴를 소리 내서 읽히는 것도 이런 이유에서다. 〈똥볶이 할멈〉은 독서에 흥미를 갖게 할 뿐 아니라 읽기 유창성 향상 면에서도 놀라운 효과를 가져다주는 고마운 책이다.

🔊 소리 내서 읽어보세요

할멈의 떡볶이는 참 희한했어.
입에 넣자마자 짜릿한 달콤함이 혀에 확 퍼지고,
씹을수록 쫀득하며,
꿀꺽 삼키고 나면 딱 기분 좋은 얼얼한 매콤함이
입안 가득 남았거든.

"우리나라 최고라 하면 서운하지, 암!
이 떡볶이는 지구 최강, 아니, 우주 최강이로다!"
-〈똥볶이 할멈 1〉, (강효미, 슈크림북), p.10 중에서

⚠️ 소리 내서 읽어 보니

마치 실제로 떡볶이를 먹고 있는 듯 생생하게 느껴지지 않나요?
갓 조리되어 나온 떡볶이 한 조각을 입에 넣는 순간,
입안 가득 느껴지는 매콤달콤한 맛과 쫄깃한 식감,
먹고 난 뒤의 여운까지…
읽기만 했는데도 벌써 군침이 도는 것 같네요~

I 자기재발견:
〈만복이네 떡집〉 시리즈

〈만복이네 떡집〉　　〈장군이네 떡집〉　　〈소원 떡집〉

(김리리 글, 이승현 그림, 비룡소)

누구나 강점이 있으면 약점이 있다. 잘하는 것이 있으면 자신 없는 것도 있는 법이다. 어른들도 그러하니 어린아이는 잘하지 못하는 것이 수십 가지라도, 잘하는 게 한두 가지만 있으면 칭찬받고 응원받아 마땅한 것 아닐까.

그러나 우리 아이들은 자란다. 매일매일 배우고 성장하며 달라진다. 7살에는 하지 못했던 일을 1학년이 되면 척척 할 수 있게 되기도 하고, 자신에게 있는지도 몰랐던 잠재력이 갑자기 쑤욱 솟아올라 놀라운 성취를 보여주기도 한다. 그러한 이야기가 〈만복이네 떡집〉(김리리, 비룡소) 시리즈이다.

〈만복이네 떡집〉은 초등학교 3학년 교과서에 실려 더욱 유명해진 책으로, 그 인기가 대단해서 이후로도 계속 〈떡집 시리즈〉가 출간되고 있다.

어느 날 신비한 떡집에서 떡을 하나 먹게 된 후 '심술쟁이 욕쟁이 만복이가 '바른 말 고운 말', '미소천사 인기쟁이'가 된다는 그야말로 꿈 같은 이야기를 담고 있다. 요술 떡만 먹으면 단점과 약점이 사라지고, 모두가 좋아하는 사람이 되니 주인공은 절로 자신감이 가득해진다.

이 책의 시리즈가 10권까지 나올 수 있었던 것이 단지 흥미진진한 '요술 떡' 이야기 때문만은 아닐 것이다. 아이들이 진정으로 원하고 있던 마음속 바람을 현실로 만드는 비밀을 알려주기 때문은 아닐까?

욕쟁이 만복이도 사실 친구들과 싸우지 않기를 바랐다. 복 없는 장군이도 남들처럼 행복하게 웃고 싶었다. 작고 약한 꼬랑쥐도 쓸모 있는 존재가 되고 싶었다. 하지만 늘 원하는 것은 쉽게 이루어지지 않는다. 정말 요술떡을 먹어야만 나 자신을 바꿀 수 있는 걸까?

나의 학생들 역시 잘하고 싶은데 어렵고 잘되지 않는 인생 과제들을 여럿 가지고 있다. 아이들이 그 과제들을 하나씩 성취해 나갈 수 있도록 나 역시 여러 가지의 요술 떡을 먹인다. 칭찬과 격려, 쉬운 방법 제시하기, 해볼 만한 과제로 바꿔주기, 강화물, 손잡아주기(함께 하기) 그리고 인정과 수용이다.

(1) 칭찬
"글씨 쓰기 싫어요. 전 원래 글씨 예쁘게 못쓴다고요~"

"딱 한 번만 잘 보고 따라서 써보자. 그렇지! 어머나, 조금만 노력해도 이렇게 달라졌네. 못한다더니 왜 이렇게 잘해? 이제 보니 유건이 글씨 천재였구나?"

(2) 격려
"난 못한다고요. 이렇게 어려운 문제는 풀기 싫다고요."
"아니야, 정훈이 잘할 수 있어. 전에 세 자리 곱셈도 처음엔 어렵다고 그러더니 결국 정말 잘 해냈잖아. 우리 정훈이가 첨에만 엄살 부리지 한번 제대로 이해하고 나면 계산속도도 빠르고 잘 틀리지도 않잖아? 쌤이 네 능력을 아니까 이렇게 수준 높은 것도 공부하자고 하는 거야. 정훈이 할 수 있어. 파이팅!!!"

(3) 쉬운 방법 제시
"숫자 6에 얼마를 더해야 10이 될까?"
"계산기 없으면 나 덧셈, 뺄셈 못 해요. 난 못해요."
"아니야. 정인이 몸에는 원래 계산기가 붙어있어. 진짜야~ 몰랐지? 자, 양손 열 손가락 다 쫙~ 펴봐. 손가락은 모두 열 개지? 손가락으로 6을 만들면 손가락 네 개는 접어야 해. 이렇게 펴 있는 손가락 수와 접혀 있는 손가락 수는 짝꿍이야. 10을 만드는 숫자 짝! 손가락을 펴서 어떤 숫자를 만들 때 접혀있는 손가락은 펴진 손가락과 숫자 짝이 되는 거지. 그러니까 6이랑 같이 10을 만드는 숫자 짝은 4! 어렵지 않지?"

(4) 해볼 만한 과제로 바꿔주기

"할머니 할아버지한테 편지 안 써요. 나 글자 몰라서 안 써요."

"음~ 성혁이가 편지로 쓰고 싶은 내용을 먼저 선생님한테 말로 해봐. 그러면 선생님이 칠판에 글자로 잘 써줄게. 그대로 보고 따라 쓰면 되잖아? 성혁이가 직접 쓴 편지 받으시면 할머니, 할아버지가 얼마나 행복해하실까?"

(5) 강화물

"난 체육 싫어! 달리기랑 윗몸일으키기 난 절대 못 한다고!"

"그으래? 잘 못해도 되는데. 그냥 할 수 있는 만큼만 하고 오면 되는 건데. 아쉽다~ 우진이 체력 측정만 하고 오면 쌤이 곰돌이 젤리 주려고 했는데, 못한다니 어쩔 수 없네."

"…… 곰돌이 젤리? 그럼 딱 한 번만 해볼래."

"정말? 역시~ 우진이 정말 멋지다."

(6) 손잡아주기(교사나 부모가 함께 하기)

"구구단 7단에서 자꾸 실수가 나오네? 쌤이랑 안 되는 부분만 같이 해볼까? 7×5까지는 되는데 7×6부터 어려운 거 같아. 7×6부터 7×9까지 다섯 번만 선생님이랑 같이 소리 내서 외워보자. 시~작!"

"와~ 이 페이지는 발음하기 어려운 낱말이 진짜 많다, 그치? 그러면 쌤이랑 동시에 같이 읽어 보는 건 어때? 천천히 박자 맞춰서 동시에 읽어 보는 거야. 준비~ 시~작!"

(7) 허용과 수용

"틀리면 어떻게 해. 틀릴까 봐 걱정돼."

"틀려도 괜찮아. 틀리는 건 나쁜 게 아니라 내가 아직 뭘 모르는지 알게 되는 거야. 틀리면 지우고 다시 해보면 되지. 혼자 한번 해보고 안되면 쌤이 다시 알려줄게. 다시 공부하면 되니까 아무 문제 없어. 편안하게 풀어봐."

"정답은 한 가지가 아니야. 어떤 대답도 다 괜찮아. 너희가 느낀 그대로가 다 정답이야. 뭐든 말해봐."

(8) 인정

"와~ 쌤은 그런 생각 한 번도 못 했는데. 정훈이는 대체 어떻게 그런 생각을 했어? 대단해!"

"요즘 매일 글씨 쓰기 연습하더니, 손 힘도 좋아지고 글씨도 또박또박 정말 예뻐졌다! 다 정인이가 노력한 결과야. 훌륭해!"

누구든지 마음속엔 되고 싶은 '더 나은 나'가 있다. 미운 말 대신 예쁜 말을 하는 나. 핀잔이 아닌 칭찬을 받는 나. 쓸모없는 사람이 아니라 누군가에게 도움이 되는 나. 그런데 현실의 나는 좀처럼 그 마음속 모습대로 되지 않는다. 혼자서 내 안의 더 나은 나를 끌어내기란 쉽지 않다.

책 속에서는 요술 떡만 먹으면 이전과 전혀 다른 아이가 된다. 욕쟁이 만복이가 욕을 하지 않고 친절을 베풀기 시작하자 곧 친구들의 사랑을 한 몸에 받는다. 늘 되는 일이 없어 까칠하던 장군이가 친구들의 장난도 웃어 넘기고 열심히 공부하자, 더 이상 놀림도 받지 않고 수학 성적도 오른다. 작고 연약해 무시만 받던 꼬랑쥐이지만 세심한 눈썰미로 아이들의 필요에 딱 맞는 떡을 배달하고 간절했던 소원을 이룬다.

이야기를 잘 들여다보면 결국 등장인물들이 본래 가지고 있던 소망이 노력과 만나 새로운 결과를 가져온 것이었다. 요술 떡은 각자의 마음속 모습을 끌어내 주었을 뿐.

나는 할 수 없다고, 어쩔 수 없다고 포기하려는 아이들에게 요술 떡을 전해 줄 어른들이 많아지면 좋겠다. 네 안에 훨씬 많은 가능성이 있으니 조금만 더 애써 보라고 격려하며 손 내밀어 주는 떡집 사장님들이 많아지면 좋겠다.

Ⅰ 가족 이야기 1 - 다양한 가족의 모습
〈밤티마을 큰돌이네 집〉 시리즈

〈밤티마을 큰돌이네 집〉

〈밤티마을 영미네 집〉

〈밤티마을 봄이네 집〉

〈밤티마을 마리네 집〉

(이금이 글, 한지선 그림, 밤티)

"선생님, 이 책은 3권까지만 나왔어요? 4권은 왜 안 나왔어요?"

"그러니까 말이야. 선생님도 뒷이야기가 책으로 계속 나왔으면 했는데 3권으로 끝나서 엄청 아쉬웠어. 작가님이 더 이상 하실 이야기가 없으셨을까? 근데 왜? 세은이도 아쉬운 생각이 들어?"

"네~ 저 같으면 큰돌이랑, 영미랑, 봄이 중학교 가는 이야기까지 계속 쓸 것 같아요."
"아~ 그럼 우리가 이 시리즈의 네 번째 이야기를 만들어보면 어떨까?"

그룹 독서 책을 선정하다 보면 책의 전체적인 내용은 너무 좋은데 일부 학생이 상처받지 않을까 싶은 마음에 선택을 망설이게 될 때가 있다. 부모님 한 분이 안 계시거나 양 부모님이 모두 안 계신 학생이 있는 경우, 부모와의 애착 또는 부모의 부재를 중심 소재로 하는 책을 선정하면 그 아이의 상처를 건드리는 일이 되지 않을까 고민이 되는 것이다. 〈밤티마을 큰돌이네 집〉(이금이, 밤티) 시리즈가 바로 그런 책이었다.

그런데 신기하게도 내 예상과는 정반대의 반응이 나타났다. 〈밤티마을 큰돌이네 집〉 시리즈를 특별히 더 좋아하고, 시리즈가 끝난 것을 유난히 아쉬워하는 아이들은 다름 아닌 한부모 가정 아이들이었기 때문이다. 직접 물어보지는 않았지만, 그 이유를 곰곰이 생각해 보니 아이들의 마음이 조금은 이해가 되었다. 우선 엄마가 떠나버린 가정에서 주인공 남매가 서로 의지하며 살아가는 이야기는 이 아이들에게 자연스러운 공감과 감정이입을 불러일으켰을 것이다. 또한 새엄마를 만나 가정이 회복되고 그들의 상처가 치유되면서, 새로운 꿈과 희망을 품기 시작하는 모습은 대리만족을 느끼게 해주었을지도 모른다.

〈밤티마을 큰돌이네 집〉은 〈너도 하늘말나리야〉, 〈유진과 유진〉, 〈나와 조금 다를 뿐이야〉 등 여러 베스트셀러 작품으로 유명한 이금이 작가의 장편 동화다. 〈밤티마을 큰돌이네 집〉(1994)이 큰 인기를 끌고 그 뒷이야기를 궁금해하는 독자들의 뜨거운 요청에 따라 〈밤티마을 영미네 집〉(2000)과 〈밤티마을 봄이네 집〉(2004)이 잇따라 출간되었다.

이후 더는 후속편이 나오지 않아 시리즈는 3부작으로 완결된 것처럼 보였는데 20년 만에 4권이 새로 나온 동시에 전권 모두 개정판이 나왔다. 3편으로 끝난 것을 너무나 아쉬워했던 '큰돌이네' 골수팬들에게는 희소식이 아닐 수 없다. 어떤 책의 후속편이 10년, 20년 만에 다시 제작되는 것은 좀처럼 흔치 않은 일이다.

이렇게 30년 이상 꾸준히 사랑받아 온 〈밤티마을 시리즈〉는 명실공히 한국 어린이 창작 소설계의 고전이다. 특히 4권 〈밤티마을 마리네 집〉은 외국인 가정 또는 다문화 가정의 아이들의 마음도 어루만져 줄 수 있는 내용을 다루고 있어 더 많은 독자층을 형성하게 되지 않을까 기대가 된다.

큰돌이는 엄마가 안 계신 가정에서 아버지, 할아버지, 그리고 동생 영미와 함께 살고 있다. 엄마가 집을 나가신 후 술만 드시면 무서워지는 아버지 때문에 남매는 옆집 쑥골 할머니 댁 빈 외양간으로 도망쳐 나오기 일쑤다. 그래도 둘이 서로 의지하며 기쁜 일도 슬픈 일도 함께하는 나날을 보낸다.

 그러던 어느 날, 큰돌이가 학교를 마치고 돌아와 보니 영미가 집에 없다. 엄마 없이 크는 아이들이 안쓰러웠던 쑥골 할머니가 영미를 애 없는 부잣집에 양녀로 소개해 준 것이다. 그리고 얼마 안 있어 처음 보는 아줌마가 집에 온다. 큰 키에, 곰보 자국이 숭숭 난 얼굴로 '팥쥐'를 연상시키는 그녀는 다름 아닌 큰돌이의 새엄마. 친엄마가 돈 많이 벌어서 영미와 자신을 데려갈 날만 기다리던 큰돌이의 앞날은 이제 어떻게 펼쳐질까?

 이쯤 되면 새엄마와 살게 된 큰돌이, 입양된 영미 모두 모진 구박과 학대를 받고 눈물을 짜내는 이야기가 뒤를 이을 것이 쉽게 예상된다. 하지만 그렇게 누구나 예상할 만한 뻔한 스토리가 펼쳐졌다면, 이 시리즈는 절대 스테디셀러가 되지 못했을 것이다. 참 다행히도 우리의 '팥쥐 엄마'는 모두의 예상을 깨는 반전 캐릭터였다.
 팥쥐 엄마의 마술 손은 낡고 볼품없는 물건도 금세 쓸 만한 물건으로 바꾸어 버리고, 희망이 없어 보이던 할아버지와 아버지도 이전과는 다른 사람으로 만든다. 집이 이렇게 달라졌는데, 영미는 정말 영영 돌아오지 않는 것일까?

 〈밤티마을 시리즈〉를 아이들과 함께 낭독하다 보면 내가 더 울컥해서 눈물이 핑 돌고 목이 메는 순간이 자주 찾아온다. 선생님이 잠시

읽기를 멈추고 목을 가다듬거나 눈가를 훔치면 조용히 기다려 주는 녀석도 있고, 이렇게 묻는 녀석도 있다.

"선생님, 울어요? 왜 울어요? 슬퍼서요?"

"흠, 음… 유건이 말이 맞아. 지금 큰돌이 마음이 어떨지 생각하니까 맘이 아파서 선생님까지 눈물이 나네?"

혹은 이런 대화도 하게 된다.

"선생님 또 울어요? 팥쥐 엄마가 선물을 받았는데 기뻐해야죠."

"정훈이 말대로 기쁜 장면이긴 하지. 근데 지금 팥쥐 엄마도 선생님과 같은 마음일걸? 슬퍼서가 아니라 감동해서 눈물이 핑 도는 거야."

때로는 말로 설명하기 어려운 '느낌적인 느낌'을 아이 스스로 책을 읽으며 깨닫기도 한다.

"'… 오빠한테 꿀밤을 맞거나 혼난 적이 많으니까요. 그런데 왜 이렇게 오빠가 보고 싶은지 모르겠어요.'

이상하다? 영미는 꿀밤 때리고 혼내던 오빠가 왜 보고 싶을까?"

"…… 가족이니까."

"아~ 그렇구나. 가족이라서 맨날 구박하던 오빤데도 보고 싶고, 좋은 거 가져다주고 싶고 그런 거구나. 성혁이도 호주에 가 있는 동생 자주 보고 싶어?"

"네."

"왜?"

"가족이니까. 내 동생이니까."

이 시리즈는 이혼 가정과 재혼 가정 아이들이 겪는 다양한 에피소드를 그들의 눈높이에서 서술하고 있다. 따라서 아이들과 함께 낭독하며 이야기의 흐름을 따라가다 보면 자연스럽게 등장인물의 감정을 같이 느끼고 공감할 수 있게 된다. 또한 각 장면에서 등장인물이 느낄 감정과 연결되는 단어를 감정 카드에서 찾아보도록 한다든지, 그 장면에서 본인이 느끼는 다양한 감정 단어를 생각나는 대로 써보도록 하는 등의 활동으로 감정 어휘를 확장해 줄 수 있다. 이때 삽화는 감정 단어 찾기 활동의 중요한 힌트가 되어준다.

1권에서 3권까지는 입양, 부모의 재혼, 부모와 자녀, 형제자매 등 각 가족구성원 간의 갈등과 화해의 에피소드들이 지루할 틈 없이 계속 이어진다. 모든 가정이 그렇듯 사건과 사고가 끊이지 않는 가운데 아이들은 성장하고 가족 간의 관계도 더욱 끈끈해지기 마련이다.

4권 〈밤티마을 마리네 집〉은 〈밤티마을 큰돌이네 집〉의 30년 후 이야기로, 어린 삼남매 모두 이미 성인이 된 시점이다. 이제 큰돌이는 한 아이의 아빠가 되었고, 영미는 목공예 작가가 되었으며, 힘이 펄펄 넘치던 팥쥐 엄마도 어느덧 할머니가 되었다. 한국에서 나고 자란 마리의 부모님은 모두 네팔 사람이다. 마리네 가족과 밤티마을가족이 어떻게 한데 어우러질지 궁금하신 분들은 꼭 4권 〈밤티마을 마리네 집〉도 읽어 보시길 권한다.

〈밤티마을〉 시리즈는 오래전 시골의 재혼 가정을 배경으로 하고 있지만 요즘 아이들이 읽어도 공감할 만한 가족 이야기이다. 게다가 4권은 이주 노동자 가족의 이야기까지 품고 있다. 이혼과 재혼이 특별하게 여겨지는 시대가 아니지만 가족이 깨어지고, 다시 결합하는 과정은 어른뿐만 아니라 아이들에게도 너무나 아프고 힘겨운 시간이다. 요즘은 다문화가족과 이주 노동자 가족이 흔히 보이지만, 그들이 우리 사회에 잘 융합되기 위해서는 이웃들의 배려와 사회 정책적 지원이 많이 필요할 것으로 보인다.

　힘든 시간을 이겨낼 수 있게 하는 힘은 결국 가족의 사랑과 이해, 이웃을 향한 따뜻한 관심뿐이다. 팥쥐 엄마, 큰돌이, 영미처럼 인간미 넘치는 캐릭터들이 결합 가족이나 다문화가족, 이주 노동자 가족들에게 조금이라도 희망이 되어 주지 않을까 기대해 본다.

🔊 소리 내서 읽어보세요

"네, 엄마!"
큰돌이가 대답했어요. 처음으로 '엄마'라고 부른 거예요.
"나도요, 엄마!"
영미가 질세라 팥쥐 엄마를 꼭 끌어안으며 말했어요.
영미는 두 번째이지요.
아까 학교에서 팥쥐 엄마가 쓰러졌을 때
자기도 모르게 '엄마'라고 불렀거든요.
지는 햇살에 밤티 마을 영미네 집 식구들 모두 황금빛으로 물들었습니다.
-〈밤티마을 영미네 집〉, (이금이, 밤티), p.121 중에서-

"그럼…… 뭐라고 불러요?"
언니라고 하기엔 나이가 많아 보였어요.
"뭐…… 내가 너네 엄마보다 언니니까 이모라고 불러.
처음 보는 사람한테도 그렇게 부르잖아."
이모! 긴장했던 마리 마음이 혀끝의 솜사탕처럼 사르르 녹았어요.
"역시 아줌마, 아니, 이모는 안 매운맛 고추예요!"
-〈밤티마을 마리네 집〉, (이금이, 밤티), p.89 중에서-

❗소리 내서 읽으니 큰돌이, 영미, 마리의 마음이
왠지 내 마음처럼 가까이 느껴지지 않나요?
마치 내가 책 속의 등장인물이 된 것처럼요. ^^

I 가족 이야기 2 - 가족에 대한 내 마음 확인하기:
〈마법의 설탕 두 조각〉

　가족은 세상에서 가장 가깝고 편한 존재다. 그러므로 더 소중히 여기고 아껴줘야 하는 사람들이다. 그런데 실상은 마음과는 반대로 더 함부로 하고 상처를 주는 경우가 많다. 진심은 안 그러면서 왜 자꾸만 가족들에게는 더 퉁명스럽게 굴게 되는지 모르겠다. 어른인 나도 가끔씩 그러는데, 초1의 마음과 중3의 마음 사이를 하루에도 몇 번씩 오가는 우리 아기 거북이 학생들은 오죽할까.

　생각도 마음도 느리게 자라는 아이로 인해 남들보다 열 배, 아니 백 배 이상 많은 눈물을 쏟고 멍든 가슴으로 살아오신 부모님들. 자신의 감정을 좀처럼 말로 드러내지 않기에 느린 학습자의 부모님은 더더욱 알 수 없는 아이의 속 이야기가 궁금하실 것이다.

　'이 아이가 부모 마음을 알기나 할까?'
　'이 아이에게 나는 과연 어떤 존재일까?'

　매해 5월이 찾아오면 아이들에게 '어버이날 편지'를 쓰게 한다. 혼자 편지 쓰기가 어려운 친구들에게는 기본 예문을 제시해 주는 등 도움을 주지만, 반드시 스스로 해내야 하는 사항이 있다. 아이마다 자기 입에서 나온 솔직한 감사 인사를 편지에 담아내는 것이다.

　"아빠, 제 발톱 깎아주셔서 고맙습니다."
　"할머니, 매일 맛있는 밥 해주셔서 감사합니다."
　"엄마, 수영 같이 해줘서 고마워요."

평소에는 무뚝뚝하고 애정 표현도 잘 하지 않으시지만 아들의 발톱은 손수 깎아주시는 아버지도, 엄마의 빈자리를 대신해 정성으로 손자를 길러주시는 할머니도, 아이 혼자 수영장 탈의실과 샤워실 사용하기가 어려울까 봐 함께 수영을 배우시는 어머니도 이 짧은 감사 인사한 문장 속에 담긴 내 아이의 100% 진심을 그대로 느끼실 수 있을 테니까.

〈마법의 설탕 두 조각〉
(미하엘 엔데 글, 줄리아 크리스티안스 그림,
유혜자 역, 소년한길)

〈마법의 설탕 두 조각〉(미하엘 엔데, 소년한길)은 '왜 내 맘대로 하면 안 돼?'라는 의문이 늘어가는 시기의 아이들과 함께 읽기 좋은 책이다. 툭하면 내가 하고 싶은 일에 태클을 거는 엄마, 아빠에게 키가 줄어드는 마법을 건다니 얼마나 통쾌해할까.

딸 렝켄의 의견에 자꾸만 반대하던 엄마 아빠에게 어느 날 놀라운 일이 벌어진다. 두 사람이 원래 키의 반의반의 반의반으로 줄어버린 것이다. 자신들의 키를 10cm 남짓 되게 만든 딸이 무척이나 원망스러울 터인데도, 통조림을 열다 손을 다친 그 딸을 안쓰러워하며 치료해 주는 것이 결국 부모의 마음이다.

집에 열쇠를 두고 나와 잠겨버린 대문을 열 수도 없고, 엄마 아빠의 도움을 받을 수도 없게 되어버린 렝켄은 아주 난감하다. 마침 날아든 요정의 편지에 렝켄이 길을 떠나는 장면에서 낭독을 잠시 멈추고, 우진이와 이야기를 나눈다.

"와~ 얼음 깨지는 소리가 나는 호수 위를 걸어서 요정에게 가고 있네? 렝켄은 지금 기분이 어떨까?
"으~ 무서워~"
"그리고?"
"… 불안해."
"또 있어?"
"음… 심란해."
주인공의 마음을 제법 잘 읽고 있다. '심란하다'라는 어려운 표현까지 사용할 줄 아는 것을 보니 가까운 사람에게서 종종 들었던 말을 머릿속에 넣어 둔 것 같다.

"왜? 왜 무섭고 불안하고 심란할까?"
"물속에 빠질까 봐."
"그렇게 무서운데도 렝켄이 꾹 참고 호수 위를 건너가는 이유는 대체 뭘까?"
"… 엄마 아빠를 위해서."
우진이도 다 알고 있다. 주인공이 지금 얼마나 두렵고 불안한지. 그런데도 왜 위험을 무릅쓰고 얼어붙은 호수 위를 걸어가는지.

우여곡절 끝에 렝켄은 요정을 다시 만난다. 첫 번째 소원은 무료지만 두 번째는 비싼 값을 치러야 한다던 요정의 조건은 역시 예상대로 만만치 않다.

"시간을 돌리려면 반대로 렝켄이 마법의 설탕을 먹어야만 한다는데? 선생님 같으면 내 키가 줄어들까 봐 못 먹을 것 같아. 우진이가 렝켄이라면 어떻게 할래?"

"엄마 아빠가 없으면⋯⋯. 나는 못 살 거 같아. 너무 무섭고 걱정돼. 그러니까 빨리 시간을 돌려야 해!"

"그러면 우진이가 마법의 설탕을 먹어야 하는데? 설탕을 먹고 나서 한 번이라도 엄마 아빠 말을 안 듣고 떼 부리면 우진이 키가 절반으로 줄어들 텐데? 어떡하지?"

"아~ 물어보지 마. 너무 힘들어⋯."

이때부터 우진이 인생 최대의 고민이 시작된다. 책상 위에 엎드렸다 일어났다 하기를 여러 번, "어떡하지? 너무 힘들다~" 혼잣말도 여러 번 반복한다. 이쯤에서 몹쓸 선생님이 사탄의 말을 우진이 귀에 속삭인다.

"그냥 우진이 맘대로 살면 좋잖아~ 맨날 잔소리만 하는 엄마 아빠인데 작아진 키 그대로 두지 그래?"

2~3분간의 고민을 끝마친 우진이는 '엄근진(엄격.근엄.진지)'의 표정으로 외친다.

"안돼! 엄마 아빠를 원래대로 돌려놔야 해!"

"진짜? 그렇게 결정할 거야? 우진이는 엄마 아빠를 정말 사랑하는구나?" 온몸이 흔들리도록 고개를 세차게 끄덕이는 것으로 대답을 대신한다.
"와~ 대단해! 우진이 키가 작아질 수도 있는데 엄마 아빠를 위해 그런 위험을 감수하고 희생하다니 정말 멋지다!!!"
"희생이 뭐야?"
"내가 손해를 보더라도 남을 위한 일을 하는 거야. 우진이 정말 엄마 아빠를 위해서 희생할 수 있어?"
조금 전보다 더 큰 긍정의 몸짓으로 답하는 우진이다.

아들이 이렇게까지 효심이 지극한 녀석이라는 사실을 우진이 부모님은 알고 계실까? 절대 얼굴을 마주하고 말로는 표현하지 않을 우리 우진이를 위해, 이렇게 글로 수업 시간의 생생한 장면을 남겨본다. 꼭 말로 표현하지 않아도 세상에 많은 우진이의 진심은 이렇다는 걸 그만큼 많은 우진이의 부모님들께서도 꼭 알아주셨으면 좋겠다.

중학생, 고등학생이 되어도 여전히 일주일이 멀다 하고 꼬꼬마처럼 떼를 부리기도 하고, 방과 후 간식이 자신의 세상 1순위인 것처럼 행동하는 아들. 마냥 어리게만 생각했던 그 아들도 다 알고 있다. 여태껏 모든 걸 다 바쳐 자신을 길러주신 부모님이 사실은 간식보다, 핸드폰보다 더 중요한 최우선 순위라는 것을 말이다. 어렴풋이 알고는 있었으나 단 한 번도 확인해 보지 않았던 자신의 마음을 오늘 〈마법의 설탕 두 조각〉의 한 장면 속에서 깨달았을 우진이. 한 권의 책을 통해서도 이렇게 또 한 뼘 성장하는 우리 아이들이다.

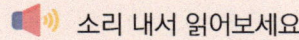 소리 내서 읽어보세요

그때 어디선가 회오리바람이 복도의 열린 창문 안으로 몰아쳤습니다.
그러더니 종이 한 장이 날아와 몇 번 빙빙 돌다가
렝켄의 발밑에 떨어졌습니다.
렝켄은 종이에 적혀 있는 것을 읽었습니다.

어서 결정을 내려.
너도 계속 이렇게 살 수는 없다는 생각을 하고 있을 거야.
네 부모님도 어쩔 수 없었을 거야.
자, 어서 날 찾아와. 우리 같이 이야기해 보자
-〈마법의 설탕 두 조각〉, (미하엘 엔데, 소년한길), p.48 중에서

❗ 우리 아이도 책을 읽으며
주인공과 함께 요정을 찾아가고 있습니다.
어떤 마음으로 동행하는 중일까요?
아이 '마음속 가장 소중한 누군가'를 위해서가 아닐까요?

| 상호작용 기술: 〈까마귀 소년〉

〈까마귀 소년〉
(야시마 타로 글/그림, 윤구병 역, 비룡소)

　내가 가르치는 학생들은 어려서부터 신체 성장 면에서도, 언어 및 사회성 기능 면에서도 발달 속도가 느렸던 경우가 많다. 그런 이유로 자연히 또래 친구들과의 놀이나 상호작용을 경험할 기회가 적었다.

　간혹 상호작용의 기회가 주어지더라도, 곤란한 상황에 직면하게 되면 자기 보호 능력이 부족한 아이의 안전을 위해 어른이 신속히 개입해서 도움을 주었을 가능성이 크다. 즉, 혼자 힘으로 또래와 부대껴 관계를 형성하고, 스스로 고민해서 문제를 해결해 볼 기회 역시 적었다는 뜻이다.

　이런 이유로 통합교육 현장에서는 장애 학생 또래 도우미인 굿프렌즈 학생들을 선발해서 아이들의 통합과 적응을 돕는다. 이 친구들은 통합학급 내에서 개별반 친구에게 먼저 다가가 친구가 되어 주고, 통합학급 교실에서 벌어진 특별한 상황들을 특수교사에게 전달해 주는 역할을 주로 한다. 또한 개별반 친구에게 어려운 일이 있을 때 도움을 주며 같은 반 친구들과의 갈등을 중재하기도 한다.

 하지만 굿프렌즈 친구들에게만 의존하며 상호작용을 하고 친구를 만들 수는 없다. 그래서 나의 학생들에게 '친구가 먼저 인사해 주기를 기다리고만 있지 말라'고 가르친다. 친구에게 먼저 인사하기, 먼저 칭찬하기, 먼저 내가 잘할 수 있는 것 보여주기를 시도하도록 가르친다. 수동적으로 '친구의 도움, 친구에 의한 문제해결'을 기다리지 말고, 능동적으로 '나 스스로 원하는 상황 만들기'를 시도하라는 뜻이다. 이런 사회성 학습과 맥락을 같이 하는 그림책, 〈까마귀 소년〉(야시마 타로, 비룡소)을 소개하고 싶다.

 야시마 타로는 칼테콧 상을 세 번이나 수상한 작가이며, 1939년 당시 반군국주의 활동으로 일본에서 더 이상 살 수 없게 되어 미국으로 건너갔다고 한다. 이 책의 시대적 배경도 2차 세계대전 전후로 예상이 된다. 〈까마귀 소년〉의 삽화 역시 작가 본인이 직접 그린 것인데, 거친 선과 명암이 대비되는 색상 표현으로 인해 주인공 소년의 상황적, 심리적 어려움이 더 잘 전달되는 것 같다.

 '땅꼬마'라고 불리는 주인공 소년은 선생님도 무섭고 친구들도 무서워서 늘 구석으로 숨는다. 소년은 자신을 따돌리는 사람들 대신, 자신을 밀어내지 않는 세상의 것들을 세심히 관찰하며 눈과 귀에 하나씩 담는다. 그렇게 주변의 많은 것들을 친구 삼아, 비가 오나 눈이 오나 혼자서도 꿋꿋이 학교에 다닌다.

시간이 많이 흘러 학교에 새로운 선생님이 오신다. 이 선생님은 종종 뒷산에 가서 수업을 진행하시는데, 그 수업의 우등생은 단연 땅꼬마다. 그 숲 어디에 무엇이 있는지, 크고 작은 꽃들의 이름이 뭔지 다 꿰고 있는 단 한 사람이니까. 소년의 이야기에 귀를 기울여 주는 사람이 생겼으니, 이제 소년의 학교생활도 즐거워질까?

까마귀 소년의 모습은 나의 학생들과도 많이 닮아있다. 의도적으로 따돌리진 않더라도 친구들의 속도와 수준에 따라가지 못하는 느린 학습자의 경우 친구들과 섞이지 못하고 홀로 관찰자의 모습으로 있게 되는 경우가 많기 때문이다.

사실 요즘은 어느 교실에나 이런 학생이 한두 명쯤 있기 마련이다. 그렇다고 해서 그들이 이상하거나 부족한 것은 아니다. 우리가 들여다보지 않아 모르고 있을 뿐 그들 한 사람 한 사람에게는 자기만의 특별한 이야기가 있다.

아이들에게 묻는다.
"까마귀 소년이 달라진 것은 언제부터일까? 누가 먼저 도와줬던가?"
"선생님이요."
"진짜? 어디 그런 내용이 책에 있는지 같이 찾아볼까?"
책장을 함께 넘기며 찾아보지만 어느 페이지에서도 누군가 먼저 소년을 도와주었다는 부분이 없다.

"아니요. 아무도 안 도와줬어요."
"근데 이소베 선생님이 칭찬해 줬어요."
"그래 맞아. 칭찬받았어. 그런데 칭찬도 소년이 먼저 자신이 잘할 수 있는 것을 보여줬기 때문에 받을 수 있었잖아. 돼지감자가 어디 있는지, 머루는 어디에서 딸 수 있는지, 꽃들의 이름은 뭔지 소년이 먼저 선생님께 알려줬잖아. 소년이 자신이 잘하고, 잘 아는 것을 남들에게 먼저 보여줬기 때문에 칭찬도 받을 수 있었던 거지."

"나는 수영 잘해요."
"나는 배드민턴 잘해!"
"나는 그림 잘 그려요"
"맞아. 우진이는 수영 잘하고, 성혁이는 배드민턴을 잘하고, 정인이는 그림을 잘 그려. 그래서 선생님이 맨날 멋지다고 칭찬해 주잖아. 너희반 친구들이 알면 깜짝 놀랄걸?"

"소년은 관찰하기 대장이었어. 그치? 어떤 걸 관찰했더라?"
"나무!"
"까마귀!"
"벌레!"
"사람들 소리도 들었어요."
"맞아. 남들이 보지 않는 것을 더 자세히, 오랫동안 들여다봤어. 남들이 놀리는 것 따위는 신경 쓰지 않고. 그렇게 자세히 들여다보니까 뭘 잘하게 됐지?"

"까마귀 소리!"

"그림!"

"글씨!"

"그래~ 까마귀 소리도 잘 내게 되고, 숲속에 뭐가 있는지도 잘 알게 되고, 열심히 관찰해서 그림도 잘 그리게 되고. 또, 학교도 안 빠지고 열심히 오면서 글씨 공부도 열심히 했나 보다. 그런데 자기가 잘하는 걸 먼저 보여준 건 까마귀 소년이었어. 너희가 먼저 보여주지 않으면 선생님도 친구들도 너희가 뭘 잘하는지 아무도 몰라. 그러니까 먼저 얘기해주고 용기 내서 보여줘. '나는 이거 할 수 있어요.'라고. 알겠지?"

〈까마귀 소년〉은 아이들의 마음을 확 끄는 예쁜 삽화가 있는 그림책도 아니고, 웃음이 나올만한 재미있는 에피소드도 딱히 없는 책이다. 해피엔딩으로 끝나긴 하지만 다 읽고 나면 다소 숙연해지는 이야기다.

그런 분위기가 연출될 것을 알면서도 이따금 이 책을 읽어주는 이유는 아이들에게도 나에게도 한 번씩 되새김이 필요하기 때문이다. 기시미 이치로의 말처럼 내가 '아무것도 하지 않으면 아무 일도 일어나지 않는다'라는 사실을 말이다.

이 책을 만난 나의 학생들이 오늘 한 번쯤 작은 용기를 내어 볼 수 있기를, 그 용기에 힘껏 박수 쳐 주고 힘을 실어주는 내가 될 수 있기를 바라며 나는 또 다시 〈까마귀 소년〉을 꺼내든다.

I 감정 표현하기: 〈리디아의 정원〉

〈리디아의 정원〉
(사라 스튜어트 글, 데이비드 스몰 그림,
이복희 역, 시공주니어)

"저, 나가주시면 안 될까요? 공연을 제대로 볼 수가 없잖아요. 우리 OOO 배우님 마지막 공연인데……."

〈키다리 아저씨〉 책을 다 읽은 학생들과 모처럼 큰맘 먹고 같은 원작의 뮤지컬 공연을 보러 갔다. 그날은 굿프렌즈(장애학생 또래 도우미)들과 장애 청소년의 형제자매 몇 명이 동반하였다. 형제자매 중에는 자폐성 장애 학생인 준모의 형도 있었다. 그런데 마침 준모의 반향어가 공연 관람에 방해가 된다며 주인공 배우의 팬 한 분이 항의한 것이다.

일부러 공연장 이층 뒤쪽 출입구 쪽에 자리를 잡았고, 준모를 보조 하기 위해 특수교육실무사 선생님이 옆에서 밀착 지도를 하고 계셨다. 공연 관람 일주일 전부터 아이들에게 관람 예절 교육을 했고, 준모도 이를 의식하여 나름대로 말하지 않으려 애쓰고 있었기에 조그맣게 속삭이는 정도는 괜찮을 거로 생각했는데 그분에게는 괜찮지 않았나 보다.

어쩔 수 없이 나와 실무사 선생님이 준모를 데리고 공연장 밖으로 나왔다. 준모 형 역시 공연장 밖으로 따라 나왔다.

"괜찮아요~ 우리가 여기서 준모 데리고 있을 테니까 아무 걱정 말고 들어가서 공연 끝까지 봐요."

"아니에요. 저 공연 안 봐도 괜찮아요. 저는 그냥 준모랑 여기에 있을래요."

들어가서 남은 공연을 즐기라고 여러 번 더 권유했지만 준모 형은 끝내 사양했다. 말하지 않아도 그 아이의 마음이 동생보다 더 많이 다치고 상처 입었다는 걸 알 수 있었다. 속상한 마음을 전혀 티 내지 않은 채 그저 동생에게 다정한 미소를 건네며 곁을 지키던 그 형은 동생보다 겨우 한두 살 더 많은 중학생이었다.

나이에 비해 너무 빨리 철이 들어 대견하면서도 안쓰러운 아이들이 장애아의 형제자매들(sibling)이다. 천천히 걷는 동생 혹은 형, 언니 곁에서 기다려 주고 손잡아주며 속도를 맞춰 걸을 줄 아는 아이들. 동생이지만 언니 같은 손길로, 형이지만 아버지 같은 눈빛으로 몇 살 차이 나지도 않는 아이들이 장애 형제를 보살핀다. 어쩌면 이 아이들은 일찍부터 부모 어깨의 짐을 나누어지고 가는 것에 익숙해져 있는지도 모른다.

장애아의 형제자매들이 다 그런 것은 아니지만 그들 중에는 자신의 감정을 마음껏 드러내지 않는 아이들이 많다. 특히 부정적인 정서가 올라올 때는 더욱 그렇다. 속상하고 불안하고 서운해도 가급적이면 그 감정을 인식하지 않으려 애써 억누르거나 회피한다. 드러내보았자 부모님의 가슴만 아프게 할 뿐이고, 이야기해 보았자 상황이 금세 달라질 수 없다는 것을 이미 경험적으로 알기 때문인지도 모른다. 그렇게 아픈 마음들이 쌓이고 쌓이면 나중엔 어떻게 될까.

〈리디아의 정원〉은 사라 스튜어트의 글과 데이비드 스몰의 그림으로 이루어진 참으로 사랑스러운 그림책이며, 내가 가장 좋아하는 책 중 하나이다(1998년 칼데콧 아너상 수상). 어린 소녀 리디아가 경쾌하게 써 내려간 편지글들은 이를 엿보는 독자들의 마음을 안타깝게도 하고, 궁금하게도 하고, 행복하게도 해준다.

꽃과 채소를 가꾸는데 재능이 있는 리디아가 가정 형편으로 인해 멀리 계신 외삼촌 댁에 혼자 가게 되었다는 편지로 이야기는 시작된다. 어린 소녀가 먼 타지에서 모진 구박을 받으며 갖은 고생을 하는 스토리를 상상하셨다면, 완전히 틀렸다. 우리의 리디아는 척박한 황무지에서도 희망의 꽃을 피울 초긍정 여왕이고, 무표정 얼굴의 외삼촌도 사실 알고 보면 더없이 따뜻하고 정이 많은 분이기 때문이다.

〈리디아의 정원〉은 매 페이지가 보물 지도이다. 이 책을 함께 읽으며 나와 아이들은 글로 다 표현되지 않은, 등장인물들이 꼭꼭 감추어 둔 다양한 마음들을 찾아내느라 바쁘다. 주어진 상황과 등장인물의 표정, 행동 반응을 힌트 삼아 숨겨진 감정 보물을 찾아내는 것이다.

각각의 등장인물들이 슬픈지, 기쁜지, 불안한지, 기대감에 부풀어 있는지 알아내기 위해서는 아이들이 책의 문구 하나도, 삽화 속 표정 하나도 심혈을 기울이며 살펴야 한다. 하지만 우리 아이들에게는 결코 쉬운 일이 아니다. 어떠한 감정이 느껴지더라도 그 감정을 제대로 표현하는 단어를 알지 못하면 그 감정을 설명하기가 어렵기 때문이다.

이때 필요한 보조도구가 '감정 카드'와 '까봐 카드'이다. 앞서 소개했듯이 '감정 카드'는 다양한 감정을 표현하는 단어들을 알려주는 카드이다. 추가로 사용하는 '까봐 카드'는 부정적 감정, 특히 불안과 연결된 감정의 이유를 찾아볼 때 도움을 주는 카드이다. '감정 카드'는 앞에서 이미 다루었으니 여기서는 '까봐 카드'와 '괜찮아 카드'에 대해 이야기해 보려 한다.

〈까봐카드〉 & 〈괜찮아카드〉 세트
(디다봐학교 제작)

〈리디아의 정원〉을 맨 처음 접했을 때, 나는 힘든 상황에서도 희망을 잃지 않고 밝은 면만 쏙쏙 찾아내는 리디아의 모습이 놀랍고 대견하게 느껴졌다. 빈 화분만 가득한 빵집 전경을 보면서 빛이 내리비친다고 말하는 리디아. 이 아이는 대체 어떤 눈으로 남들은 보지 못하는 희망의 빛을 찾아내는 것일까? 그런데 여러 번 반복해서 읽다 보니 처음에는 보이지 않았던 면들이 보이기 시작했다.

한동안 헤어져 있게 된 가족들이 다 같이 울었다는 이야기를 전한 리디아는 곧장 엄마의 어릴 적 이야기, 자신이 힘세다는 이야기로 화제를 돌리며 씩씩한 모습을 보인다. 멀리 가는 딸에게 새 옷을 해주지 못하고 헌 옷을 줄여 입힌 엄마가 속상해할까 봐 '엄마가 입던 옷을 입으니 자기가 더 예뻐 보인다'라고 편지에 쓰는 대목에서는 더없이 속 깊은 아이다. 하지만 기차를 타고 차창 밖을 내다보는 리디아의 표정은 편지의 내용만큼 씩씩하지도, 밝지도 않아 보인다.

리디아는 정말 보통 사람들과는 다른 눈으로 세상을 보는 것일까? 리디아가 태생적으로 밝은 성격이라 늘 세상을 긍정적으로 바라보고, 항상 에너지 넘치는 모습으로 모든 상황을 대하는 것일 수도 있다. 반대로 사실은 모든 것이 리디아의 의식적인 노력에 의한 것이라면? 어쩌면 부정적인 감정을 피하려고 희망적인 상상으로 도망치고 있는지도 모른다.

만약 후자의 경우라면 대체 무엇 때문에 자신의 감정을 억누르고 회피하는 것일까? 내가 종종 만나온, 너무 일찍 철이 들어버린 아이들처럼 리디아 역시 부정적인 감정과 마주하기를 회피한 것은 아닐까. 가족과 주위 사람들을 기쁘게 해주려고 자신의 불안과 아쉬움, 두려움 같은 감정은 감춰둔 채 애써 밝은 얼굴을 하는 것은 아닐까.

사람들이 부정적인 감정을 회피하거나 억제하는 이유는 뭘까? 그 감정을 직면할 때 자신이 겪게 될 상황에 대한 불안감 때문이다. '내가 나약해질까봐', '내가 사실은 이 정도밖에 되지 않는 사람이라는 것을 다른 사람들이 알게 될까 봐' 두렵다. '내 감정을 드러내서 누군가에게 상처를 주면 그들이 나에게 실망할까 봐' 불안하다. 두려움은 불안감에서 시작되고, 우울감 역시 그 바탕에 불안이 자리 잡고 있다. 따지고 보면 화를 내는 이유도 불안 때문이다.

평소 불안이 높은 아이들을 자세히 들여다보면 성장 과정에서든 최근의 일이든 정서적으로 불안한 상황을 경험한 경우가 많다. 하지만 어린 나이일수록 자신이 경험한 그 상황이 구체적으로 어떤 상황인지, 자신이 느낀 감정이 명확히 어떤 감정인지 제대로 인식하기 어렵다. 알지 못한 채로 불쾌한 감정만 지속되니 더욱 힘겹고 고통스럽다. 만약 좋지 않은 감정이 드는 그 이유, 즉 불안을 느끼는 이유를 알게 된다면 어떨까?

"선생님, 전 '걱정하다'를 골랐어요. 왠지 리디아가 걱정하고 있는 것 같아요."

"저는 '두렵다'요. 리디아가 겁이 나고 두려울 것 같아요."

"아, '걱정하다'와 '두렵다'를 골랐구나? 너희들은 왜 리디아가 걱정하고, 두려워할 것 같다고 생각하니? 이유가 있니?"

"음....... "

'까봐 카드'와 '괜찮아 카드'는 특별히 불안을 많이 느끼는 아이와 함께 책을 읽으며 정서 치유를 유도하는 활동을 할 때 아주 유용하다. '까봐 카드'를 사용해서 자신이 불안을 느끼는 이유를 스스로 찾아내어 그 불안의 감정에 이름을 붙이게 한 후, '괜찮아 카드'로 그 불안을 떨쳐버릴 힘과 용기를 준다. '까봐 카드', '괜찮아 카드'의 개발자이자 〈마음의 안부를 묻는 시간〉의 저자인 윤주은 박사는 말한다.

> "… 감정은 바꿀 수 없습니다.
> 감정을 바꾸기 위해 애쓰기보다
> 생각을 알아차리고 생각을 바꾸면
> 감정이 바뀝니다.
> 우선 생각을 알아차려야 불안이라는 감정을
> 해결 또는 해소할 수 있습니다."
>
> -〈마음의 안부를 묻는 시간〉 p. 165, 윤주은, 문예춘추사

감정은 의식적으로 '바꿀 수' 있는 것이 아니라, 생각이 바뀐 뒤에야 자연스레 '바뀌는' 것이라는 뜻이다. 저자는 막연한 불안감에 이름을 붙이고 정의를 내리는 것이 곧 문제해결을 위한 첫걸음이며, 불안을 명명해야 그다음 단계로 나아갈 수 있다고 한다. 내가 왜 불안한지, 무엇을 불안해하는지를 알아차리는 것이 먼저이다.

그렇게 불안의 정체를 알고 나면 이것이 실제 '타당한 이유가 있는 불안'인지 꼬리에 꼬리를 문 걱정이 만들어 낸 '불필요한 망상'인지 판단할 수 있다는 것이다. 근거가 있는 불안이라면 불안에 머물러 있지 말고 합리적인 대책을 찾아내 해결하면 된다. 쓸데없는 망상이라면 이제 그러한 '망상' 따위는 발로 뻥 차버리고 자신을 토닥여주어야 한다는 것이 윤주은 박사의 처방이다.

'까봐카드'는 일반적으로 사람들이 불안을 느끼게 하는 수많은 이유를 '~할까 봐'의 형태로 제시한다(예: 야단맞을까 봐, 실패할까 봐, 상처받을까 봐…). 여러 가지 '까봐카드' 중에서 자신이 불안을 느끼는 이유와 가장 관련이 깊은 카드를 고르게 하고, 가능하다면 그 카드를 고른 이유를 짧게라도 설명해 보도록 한다. 불안의 원인은 한 장의 '까봐'일 수도 있고, 여러 장의 '까봐'일 수도 있다.

〈까봐카드〉 중 일부
(디다봐학교 제작)

"저는 '외로울까 봐'를 골랐어요. 가족과 떨어져서 있으니까 외로울까 봐 걱정하는 것 같아서요."

"아, 가족들과 떨어져서 낯선 외삼촌과 있으면 외로울 수 있겠네."

"저는 '야단맞을까 봐'요. 리디아는 빵을 만들 줄 모르는데 삼촌을 잘 도와드리지 못하면 야단맞을까 봐 겁날 것 같아요."

"그렇구나. 삼촌한테 야단맞을까 봐 겁이 났을 수도 있겠다. ○○이도 예전에 야단맞을까 봐 겁이 난 적이 있었어?"

이렇게 등장인물의 감정 이야기를 하다 보면 결국 자기 경험을 연결 지어 이야기하게 된다. 교사가 먼저 자기 경험을 오픈하면 아이들도 뒤이어 슬슬 자기 마음속 이야기를 꺼내기 시작한다.

이전에 경험한 불안과 그 원인에 대해 충분히 이야기를 풀어내 보도록 기회를 주면서 '만약 진짜 그런 일이 생겼다면 OO이는 어떻게 했을 것 같아?'와 같은 질문을 중간중간 던진다. 꼬리에 꼬리를 무는 불안이 아이가 걱정하는 '최악의 상황'까지 마주하게 할 수도 있다. 그다음엔 어떻게 할까?

우선 걱정하는 최악의 상황이 일어날 가능성이 얼마나 되는지를 함께 따져본다. 가능성이 극히 낮은 일이라면 일어나지도 않을 일을 구태여 미리 걱정할 필요가 없다는 점을 일깨워준다. 가능성이 어느 정도 있는 일이라면? 안 좋은 상황의 발생을 막기 위해 지금 아이가 할 수 있는 최선책을 함께 찾아볼 수 있겠다. 혹시 최선을 다한 후에도 안 좋은 결과가 발생한다면? 그건 정말 누구도 어쩔 수 없는 일이니, 운명에 맡기고 아이가 자기 잘못으로 여길 필요는 없다는 점을 분명히 말해주는 것이 좋겠다.

아이의 이야기를 다 들어주었더라도 이쯤에서 그냥 마무리하려니 뭔가 찜찜하다. 아이의 표정이 어딘지 모르게 편치 않아 보이고, 나 역시 어른으로서 책임을 다하지 못한 것 같은 느낌이 든다. 이럴 때 나는 '괜찮아 카드'를 꺼내 든다.

〈까봐카드〉 중 일부 (디다봐학교 제작)

'괜찮아 카드'는 눈부터 즐거워지게 만드는 예쁜 일러스트와 함께 힘과 위로의 따뜻한 한마디를 우리에게 건넨다. 예를 들면 '꽃길만 걸을 순 없어. 그래도 괜찮아.'라든가, '두렵지? 작은 걸음부터 시작하면 돼, 괜찮아.'와 같은 마음 몽글몽글해지는 문구들이다.

너무 과하지 않게, 그러나 가볍지도 않게 진심을 담아 이런 말을 아이에게 전한다면 어떨까? 인생의 해답을 주지는 못해도, 생채기 난 마음에 반창고 하나 붙여주는 정도의 도움은 될 수 있다. 불안을 떨쳐버리고 새로운 걸음을 내딛으려는 아이에게 조금은 마음 든든해지는 응원이 되어 줄 거라고 믿는다. 힘들 때마다 꺼내보며 다시 힘을 내는 동안, 상처도 조금씩 아물고 아이도 이전보다 더 자라나지 않을까?

리디아가 긍정적인 방향으로 쉽게 생각을 전환하는 쿨한 성격이었을지 반대로 일찍 철들어 겉으로는 속상한 내색을 안 하고 꾹 참아내는 성격이었을지는 알 수 없다. 준모의 형이 속상한 감정을 꾹꾹 눌러 참는 성격이었는지 나름의 방식으로 잘 풀어내는 성격이었는지도 알 수 없다. 하지만 내가 앞으로 '부모님이 속상할까 봐', '동생에게 든든한 형제자매가 되어 주지 못할까 봐' 참고 참아 마음이 힘들고 아픈 아이들을 만나게 된다면 조금이라도 힘이 되어 주고 싶다. 그들 스스로 자신의 '까봐'를 알아차려 억누르고 감춰두었던 불안을 내던질 수 있게 도와주고 싶다. 그리고 나와 비슷한 마음을 가진 선생님과 부모님이 많아졌으면 좋겠다.

I 두려움 마주하기:
〈헤엄이〉

어렸을 때 남들보다 유난히 무서워하던 두 가지가 있다. 한 가지는 높은 육교 위를 걷는 것이었고, 다른 한 가지는 거리에서 구걸하는 아저씨들과 마주치는 것이었다. 육교에 오를 때면 늘 내 발이 난간 사이에 빠져 저 아래로 떨어질 것만 같은 불안을 느꼈고, 구걸하는 분들 앞을 걸어갈 때면 그분이 갑자기 내 팔을 확 붙잡아 끌고 어디론가 데려갈 것 같은 두려움을 느꼈다.

일곱 살 전후쯤 매주 진료를 받으러 가던 병원이 있었다. 그 병원은 높은 육교 위를 지나야만 갈 수 있는 곳에 있었는데, 그 육교 위 한가운데에는 절단된 손목을 드러낸 채 구걸하는 아저씨 한 분이 계셨다. 나에게 있어서는 최상위 공포의 대상 두 가지를 한꺼번에 마주해야 하는 매우 곤란한 상황이었다.

몇 번 병원을 다녀온 후 나의 공포감은 점점 커졌고, 다시 그 병원에 가기 싫어 잠을 이루지 못할 정도가 되었다. 결국 찔찔 울면서 어머니께 병원에 가기 싫은 이유를 설명해야만 했다. 그때 어머니께서 내놓은 해결책은 극한의 처방이었다. 나에게 직접 육교 위 걸인의 바구니에 돈을 넣어주라고 하신 것이었다.

"육교에서 떨어질 일은 없지만 정 무서우면 엄마 손을 잡고 한가운데로 앞만 보고 걸어가면 돼. 아래를 보면서 떨어질까 봐 두려워할 필요는 없어. 그리고 거기서 구걸하는 아저씨는 무서운 사람이 아니라 도움이 필요한 사람이야. 몸을 다치셔서 겉모습이 조금 다를 뿐이란다."

　다음 날 엄마 손을 잡고 육교 계단을 한 걸음씩 힘주어 올랐다. 육교의 한가운데 쪽으로 걸으니 두려움이 훨씬 덜하였다. 그리고 육교 위에서 그 아저씨 앞에 섰다. 엄마가 손에 쥐어준 천원짜리 지폐 한 장을 들고 몇 초간 망설이다 아저씨의 돈 바구니 앞에 얼른 내려놓고 뒤돌아서려는데, "감사합니다."

　작은 소리였지만 분명히 고맙다는 인사가 내 귀에 들렸다. 나도 모르게 멈춰서서 그 아저씨를 향해 꾸벅 고개 숙여 인사를 하고는 다시 엄마에게 뛰어갔던 기억이 난다. 그날 병원 진료를 마치고 돌아오던 길에 똑같은 육교, 똑같은 자리에서 그 아저씨를 다시 마주했을 때는 놀랍게도 그토록 두려웠던 마음이 마법처럼 사라져 버린 것을 느낄 수 있었다.

〈헤엄이〉
(레오 리오니 글/그림, 김난령 역, 시공주니어)

작가 레오 리오니의 〈헤엄이〉(시공주니어)는 글밥이 많지 않고 줄거리도 단순한 그림책인데, 판화기법과 수채물감 효과를 통해 환상적으로 표현된 바닷속 동식물 삽화를 구경하는 재미가 꽤 크다.

수많은 빨간 물고기 떼 속에서 홀로 새까만 모습으로 가장 빠르게 헤엄쳤던 '헤엄이'. 하지만 커다란 다랑어 한 마리가 나타나 친구들을 꿀꺽 삼켜버리는 바람에 혼자 남겨지고 만다. 무섭고, 외롭고, 슬펐지만 헤엄이는 계속 자신의 길을 간다. 깊은 바닷속을 홀로 다니며 헤엄이는 무엇을 보고, 어떤 생각을 했을까?

다랑어의 습격 이후 홀로 남겨진 헤엄이가 처음 느꼈을 감정은 두려움과 슬픔, 그리고 외로움이었을 것이다. 헤엄이는 그러한 감정들을 오롯이 마주하여 겪어내지만 단지 그 감정에만 머물러 있지 않는다. 앞으로, 앞으로 헤엄쳐 나가며 자기보다 훨씬 큰 몸집의 다양한 바다 생물들을 있는 모습 그대로 세심히 관찰한다. 헤엄이의 시선을 따라 책장을 넘기다 보면 자연히 깨닫게 되는 것이 있다.

무지갯빛 해파리도, 점박이 가재도, 멍한 표정으로 앞을 향해 나아가는 커다란 물고기들도, 시작과 끝을 알 수 없이 기다란 뱀장어도, 여럿이 어울려 하나의 숲을 이루는 물풀들도… 모두 제각기 다른 모습이지만 한데 어울려 완벽한 하나의 바닷속 세상을 이루고 있다는 사실을 말이다.

이 책을 읽을 때면 나는 아이들에게 책에 등장하는 바다생물 중 가장 마음이 가는 대상을 한 가지씩 골라보게 한다.

"저는 해파리요! 알록달록 여러 가지 색깔을 가지고 있는 게 예뻐서요."

"저는 가재요! 집게발로 아무도 나를 공격하지 못하게 하려고요."

"저는 뱀장어가 제일 좋아요. 눈이 어딨는지 몰라서 어느 쪽으로 갈지 아무도 모를 것 같아요."

"저는 물풀이 예뻐요. 색깔이 알록달록해요."

"저는 빨간 물고기가 좋아요. 빨간색이 맘에 들어요."

"저는 까만 헤엄이가 좋아요. 친구들을 도와주고 싶어요."

선택의 대상도 이유도 제각기 다 다르다. 선택의 변을 다 듣고 나서 그 바다생물을 선택한 아이를 찬찬히 살펴보면 절로 고개가 끄덕여진다. 아이의 성향이나 자신이 바라는 모습이 신기하게도 그 선택한 대상에 잘 녹아들어 있기 때문이다.

한참의 시간이 지나 빨간 물고기 떼 친구들을 다시 만난 헤엄이는 예전처럼 함께 헤엄치며 신기한 것들을 구경하자고 하지만, 겁에 질린 친구들은 좀처럼 용기를 내지 못한다. 반면 헤엄이는 이미 두려움을 이겨내고 한 걸음 앞서 나아가 있는 모습이다. 동일한 사건을 경험했음에도 헤엄이가 빨간 물고기 떼 친구들과 다른 태도를 보이는 이유는 무엇일까?

헤엄이가 보여준 용기의 비결은 '직면하기'가 아닐까 싶다. 자신의 감정을 있는 그대로 마주해 바라보면 그 감정에 압도되지 않는다. 그때부터는 현재 그 감정을 겪고 있는 자기 자신을 객관적으로 바라볼 수 있다.

두려움의 대상을 있는 그대로 바라보면 그 대상의 강점도 보이고 약점도 보인다. 그렇다면 이제 그 대상은 더 이상 두렵기만 한 존재가 아니다. 직면은 우리를 성장하게 만든다.

한 가지 더 생각해 보자. 온통 빨간 물고기 떼 속에서 홀로 새까만 물고기였던 헤엄이. 어찌 보면 참 외로울 수 있는 존재이다. 꼭 나의 학생들처럼. 하지만 '다른 것'은 '틀린 것'이 아니다. 오히려 남들과 달랐던 헤엄이였기에 남 다른 역할을 해낼 수 있었던 것은 아닐까?

너와 나는 다르다. 하지만 서로의 다름을 이해하고 받아들이면 모두가 행복할 수 있다. 이 책은 세상의 모든 존재가 제각기 다른 모습을 가지고 어우러져 살아가고 있다는 것을 보여준다. 그렇게 다른 존재들이 함께하면 더 강해질 수 있고, 두려움도 이겨낼 수 있으며, 서로에게 더 필요한 존재가 될 수 있다는 사실도 깨닫게 해준다. 내가 아이들과 함께 〈헤엄이〉를 읽는 이유가 바로 여기에 있다.

1 분노 표현하기:
〈소피가 화나면, 정말 정말 화나면〉

　나는 교실 안에 앉아서 밖을 보지 않고도 문밖에 선 아이가 어떤 마음으로 교실을 들어서고 있는지 대부분 알 수 있다. 발걸음 소리, 혼잣말(이지만 모두가 들을 수밖에 없는 말), 혹은 엄청난 샤우팅이 교실 문 앞 아이의 심리를 고스란히 드러내 주기 때문이다.

　"쿵쿵! 쿵쿵쿵! 쾅! 드르륵 쾅!
　"엉엉엉~~~ 나 죽고 싶어! 나 목숨을 끊고 싶어요! 나 죽을거야!!!"
　"으이씨! 나하테마 뭐아 그애! 아 해! 아 하꺼아!!!"
　　　(나한테만 뭐라 그래! 안 해! 안 할거야!!)

　"○○이가 나 못 앉게 했어요. ○○이 나빠요!"
　"계단에서 넘어졌어요. 발목이 너무 아파~~~"
　"△△이가 나한테 욕 했어요. △△이랑 안 놀 거예요!"

　이유는 제각각이지만 감정은 모두 한 가지이다. 분노. 화가 난 것이다. 우리는 누군가와의 관계에서 억울하게 손해를 본다든가, 불합리하게 공격을 당하는 경우 화가 난다. 객관적으로 억울한 상황인지 혹은 불합리한 상황인지는 중요치 않다. '내가' 억울하고 불합리하게 느끼는 경우 화가 나는 것이다.

부모나 교사가 즉각적으로 도움을 줄 수 있는 상황이라면 문제가 빨리 해결될 수도 있지만 늘 주변에 도움을 줄 어른이 있는 건 아니다. 아이도 성장하면서 스스로 자신의 감정을 추스르고 문제를 해결하는 방법을 배워나가야 한다. 그럼 어떻게 해야 폭발할 것만 같은 이 분노 감정을 가라앉힐 수 있을까?

〈소피가 화나면, 정말 정말 화나면〉
(몰리 뱅 글/그림, 박수현 역,
책읽는곰)

〈소피가 화나면, 정말 정말 화나면〉(몰리 뱅, 책읽는곰)은 화난 아이의 표정과 반응을 꽤나 사실적으로 보여준다. 가지고 놀던 고릴라 인형을 언니에게 빼앗긴 소피는 너무나도 화가 나서 발을 구르고, 소리를 지른다. 폭발할 것 같은 소피의 마음이 이렇게나 생생하게 표현된다.

> **소피가 뻘겋게**
> **시뻘겋게 소리쳐요.**
> **"으아아아~"**
> -〈소피가 화나면, 정말 정말 화나면〉, 몰리 뱅, 책읽는곰
>
> ❗️ 화가 나서 새빨개진 얼굴이 상상되시죠?
> 가슴 속 뜨거운 분노를 폭발시킨 소피의 외침이 정말 들리는 것 같네요.

하지만 이 책의 가치는 화난 아이의 상태에 대한 훌륭한 묘사에만 있지 않다. 우리의 눈과 마음을 이끄는 부분은 분노 폭발한 소피가 문을 '쾅' 밀어 닫고 나간 뒤부터 화난 감정을 다스리는 과정이다.

화가 나서 뛰쳐나가면 일단 서러움에 눈물이 흐른다. 한바탕 울고 나면 그제야 좀 정신이 들고 마음의 위안처를 찾기 마련이다. 소피에게도 이럴 때 마음을 위로해 주는 특별한 친구가 있다. 바로 숲속의 늙은 너도밤나무. 나무 위에 올라간 소피는 그대로 한참을 앉아 시간을 보내다 한결 기분이 나아져 내려온다. 시원한 산들바람과 멀리 보이는 푸른 바다 물결의 위로를 받았을까? 집에 돌아오니 어느새 화는 사라지고 가족들은 돌아온 소피를 반기며 안아준다. 모든 것이 제자리. 소피의 화는 어디론가 사라졌다.

"소피는 엄청 많이 화가 났었는데, 어떻게 그 화를 풀었지?"
"나무에 올라가서 바다를 봤어요."
"산들바람이 시원해서 기분이 풀렸어요."
"딩!동!댕! 와~ 너희들 책을 진짜 집중해서 잘 읽었구나? 소피는 참 좋겠다. 집 근처에 너도밤나무도 있고, 바다도 있어서. 하지만 우리 동네는 너도밤나무도 없고, 바다도 없는데 어떡하지? 너희도 혹시 화를 가라앉히는 자기만의 다른 방법이 있니?"

여기까지 이야기하고 나면 너도나도 자신만의 노하우를 대방출 하려고 손을 든다.

"핸드폰 게임 엄청 많이 해요."
"화 풀릴 때까지 유○브 봐요."
"맛있는 거 먹어요. 사탕이나 초콜릿!"
"그냥 자버려요. 한참 자고 나면 기분이 좀 풀려요."

모두 방법은 다르지만 자기만의 너도밤나무를 가지고 있어 정말 다행이다. 하지만 그렇지 못한 친구도 있기에, 그리고 위에서 말한 화 가라앉히기 방법을 언제 어디서나 사용할 수는 없기에 나는 아이들에게 '똑똑하게 화내는 법'을 가르친다.

"얘들아, 화가 나는 것은 자연스러운 감정이야. 누구나 화가 날 수 있지. 대신 똑똑하게 화를 내야 해. 내가 아무리 소리를 지르고 발을 굴러도 친구는 내가 왜 화가 났는지 모르거든. 오히려 나만 '잘못된 행동'을 했다고 꾸중 듣게 되지."

그리고는 아이들에게 **똑똑하게 화내는 법 3단계**를 다음과 같이 지도한다. 역할극을 통해 단계별 행동을 연습해 보도록 하면 더욱 효과적이다.

(1) 잠시 멈추고 숨 크게 쉬기 (3회씩 3세트)

"똑똑하게 화를 내려면 일단 진정해야 해. 숨을 크게 들이쉬고 내쉬기를 딱 세 번! 세 번만 하는 거야. 하나~ 후! 두울~ 후! 세엣~ 후! (숨을 천천히 크게 들이쉬고 내쉬는 방법 시범 보이기) 이렇게 하나부터 셋까지 세기를 통으로 세 번 해보는 거야. 그러면 신기하게 화가 조금 가라앉는다?"

(2) 내 마음 먼저 생각해 보기:

　　내가 내 마음을 알아야 남에게 설명할 수 있다!

"이제 생각해 보는 거야. 지금 내 마음은 어떻지?"

　(예: 화가 났어/기분이 나빠/속상했어)

"그럼 나는 왜 화가 난거지? 무엇 때문에?"

　(예: 언니가 말도 없이 인형을 가져가서 / 엄마가 동생 편만 들어서 /
　　친구가 나한테만 잘못했다고 말해서)

(3) 내 마음 말하기: I-message로 이야기하기

"지금 내 마음과 화난 이유를 알게 되었다면 이제 나를 화나게 한 상대(친구나 동생, 엄마)에게 말해보자. 단, 상대가 '나빴다', '잘못했다'는 말은 하지 말고 내 마음만 말하는 거야.

'○○이가 ~~~해서 나는 화가 났어/기분 나빴어/속상했어.'라고 말이야."

"내 이야기를 다 하고 나면 이제 상대방의 이야기도 들어보는 거야. 이렇게 '숨 크게 세 번 쉬기', '내 마음 먼저 생각하기', '내 마음 말하기'. 순서대로만 하면 앞으로 화를 내지 않고도 말로 문제를 해결할 수 있게 될 거야."

이렇게 한번 지도한다고 아이의 화날 때 표현 양상이 바로 달라질 리는 절대 없다. 상대에게 내 마음을 말로 전달한다고 해서 상황이 금세 아이가 원하는 쪽으로 바뀌지도 않는다. 그렇더라도 여러 번 계속 반복해서 연습하다 보면 분명히 차이가 생긴다.

열 번 발을 구르고, 소리를 지르고, 물건을 던지다가 연습한 대로 어느 날 한 번 숨고르기를 하면 화내는 강도가 약해진다. 고함 대신 말로 "네가 ~~해서 내가 화났어."라고 표현하면 상대의 반응이 전과는 달라진다. 과격하게 감정을 드러내는 대신 훨씬 적응적인 모습으로 감정을 표현하게 되므로 부정적 평가와 낙인을 피할 수 있다.

또한 주위 사람들이 아이의 말을 이해하고 수용할 가능성이 높아지며, 무시 대신 이해와 존중을 받게 될 가능성이 높아진다. 주위로부터 이해받고 수용되는 경험은 이후 아이의 긍정적인 행동을 더욱 촉진하게 된다.

감정 가라앉히는 연습을 처음 할 때는 시간이 오래 걸릴 수도 있지만, 여러 번 반복 지도하면 점차 진정에 필요한 시간이 단축된다. 격렬한 감정이 가라앉을 때까지(한 30분 정도) 기다려 주면 잠시 후 진정되었으니 이제 차분히 말할 수 있다는 티를 낸다. 달라진 표정과 누그러진 목소리로 아이가 먼저 선생님을 부르거나, 전혀 뜬금없는 말로 대화를 시도한다. 이때 아이와 눈을 맞추고 왜 화가 났었는지 묻는다.

"아~ 그랬구나, 그래서 화가 났던 거구나. 이제 OO이가 왜 그랬는지 이해가 되네. 무조건 소리 지르고 과격한 말만 하면 누구도 OO이 마음을 이해할 수가 없어. 다음부턴 일단 마음 가라앉을 때까지 기다렸다가 이야기하도록 하자."

이미 화를 내고 분노를 폭발한 후라도, 감정이 가라앉은 후 말로 자기가 화난 이유와 마음을 설명했을 때 소통이 되는 경험을 한 아이는 나에게 이렇게 말했다.

"화내지 말고 말로 할 걸 그랬네. 아까는 미안해요, 선생님. 다음부터는 말로 먼저 이야기할게요."

🔊 소리 내서 읽어보세요

**소피는 머릿결을 어루만지는 산들바람을 느껴요.
일렁이는 물결을 바라봐요.**

드넓은 세상이 소피를 포근히 감싸줘요.
-〈소피가 화나면, 정말 정말 화나면〉, 몰리뱅, 책읽는곰 중에서

‼️ 살랑살랑 산들바람과 파도가 밀려오는 바다라면
화난 마음도 금세 풀리겠네요.
정말 온 세상이 괜찮다고 위로하며
토닥이고 안아주는 느낌이 들 것 같아요.
여러분은 화가 났을 때 어떤 방법으로 감정을 다스리나요?

 **감정 폭발로 텐트럼을 보이는 아이, 저는 이렇게 지도합니다**

① 감정을 다스리는 특별한 장소(예: 생각 의자 등 공간적으로 특정, 분리되어 있으나 교사의 관리 감독이 가능한 범위의 장소)를 정해 앉게 한다.

② 화가 나고 감정이 격앙된 상태에서 하는 말에는 일일이 대응하지 않는다. 대신 잠시 후 화가 가라앉고 차분히 이야기할 수 있는 마음 상태가 되면 선생님을 불러 달라고 이야기한다.

③ 아이가 진정될 때까지 차분해지는 음악을 틀어 준다.

④ 혹시 화장실에 다녀오고 싶은지 중간에 한 번쯤 물어봐 주는 것도 좋다. 잠시 공간을 이동해 분위기가 전환되면 의외로 감정이 더 빨리 진정되는 효과가 있다.

⑤ 음악을 들으며 어느 정도 시간이 지나 흥분이 가라앉으면, 아이가 "선생님, 저 진정됐어요~"라고 말하며 교사(혹은 부모)를 부르게 한다.

⑥ 얼굴을 마주하고 화난 이유를 설명하도록 하면 아이도 차분히 상황을 설명하고 화난 이유도 이야기한다. 아이가 먼저 이야기를 풀어나가기 어려워하면 교사(부모)가 먼저 무슨 일이 있었던 것인지, 어떤 이유로 화가 났는지, 그런 방법으로 화를 냈을 때 원하는 결과를 얻었는지 하나씩 차근차근 확인하며 아이의 대답을 듣는다.
　이때 아이의 감정은 공감해 주되 잘못된 행동에 대해서는 어떤 부분이 옳지 않은지 명확히 가르쳐 주고, 아이가 원하는 효과를 얻을 수 있는 올바른 행동(긍정적 대체행동)의 예를 제시해 준다.

I 속상함 표현하기:
〈소피가 속상하면, 너무너무 속상하면〉

"제 다리가 아픈 것이 속상해요. 오른손으로 못하는 건 왼손으로 다 할 수 있어요. 근데 걸을 땐 두 다리로 걸어야 하잖아요. 빨리 걷는 친구들을 쫓아가고 싶은데, 저는 빨리 걸을 수도 없고 오래 걸을 수도 없어요. 그게 좀 많이 속상해요."

'내 모습 있는 그대로 아껴주기'를 주제로 독서 수업을 진행하면서 '자기 신체 부위 중에서 맘에 들지 않는 부분이 있다면 어떤 부분이고, 그 이유는 무엇인지 이야기를 나눠보는 시간이었다. 다른 아이들이 눈이나 코, 작은 키, 날씬해지고 싶다는 등의 이야기를 할 때 재경이가 한 대답이다.

재경이는 선천적으로 오른손이 오그라든 채로 태어났고 오른쪽 다리에도 편마비가 있는 학생이었다. 하지만 늘 웃는 얼굴로 모든 일에 열심히 임하며 글씨도, 그림도, 농구도, 배드민턴도 왼손으로 척척 다 해냈다. 그런 아이였기에 무엇보다 불편한 오른손을 아쉬워할 줄 알았는데 예상하지 못했던 대답이었다. 오른손의 일은 왼손이 대신 해줄 수 있지만, 오른발의 일은 왼발이 대신 할 수 없으니, 그 점이 속상했을 거라는 생각을 재경이의 말을 듣고서야 하게 되었다. 부끄럽지만 특수교사로서 다시금 크게 깨닫고 배우는 순간이었다.

속상한 감정은 화가 난 것(분노)과 관련이 있으나 조금 다르다. 분노가 뜨겁게 불타올라 밖으로 폭발할 것 같은 느낌이라면, 속상함은 식어버린 마음이 한없이 무거워 깊은 물 속으로 내려앉는 느낌이 아닐까 싶다.

속상함은 화가 나거나 걱정되는 일 때문에, 혹은 원하는 것을 이룰 수 없어서 마음이 불편하고 우울한 감정이다. 이러한 감정은 나의 마음이나 의도를 다른 사람이 오해하거나 몰라줄 때, 혹은 나의 바람이 현실적으로 이루어지기 어렵다고 생각될 때 찾아온다. 속상한 감정이 깊어지면 눈물을 동반한 슬픔이 되기도 한다. 그럼 이렇게 속상한 감정은 어떻게 다루어야 할까?

〈소피가 속상하면, 너무너무 속상하면〉
(몰리 뱅 글/그림, 박수현 역, 책읽는곰)

'분노'에 이어 '속상함' 역시 몰리 뱅 작가의 그림책으로 풀어내 보려 한다. 앞서 소개한 〈소피가 화나면, 정말 정말 화나면〉의 후속작, 〈소피가 속상하면, 너무너무 속상하면〉(몰리 뱅, 책읽는곰)이 바로 그 책이다.

가장 좋아하는 나무를 잘 관찰하고 와서 그리는 시간. 소피는 수없이 살펴보고 만져보았던 너도밤나무를 그린다. 사랑하는 너도밤나무를 그릴 생각을 하니 마음이 두근두근 설렌다. 소피는 너도밤나무를 '보이는 대로'가 아닌 자신이 '느끼는 대로' 그린다. 그런데 이를 본 친구들은 모두 소피의 그림이 틀렸다고 말한다. 소피의 눈에선 눈물이 주르륵 흘러내린다. 즐거웠던 미술 시간이 엉망이 되어버렸다. 소피는 어쩌면 좋을까?

아이들이 속상한 감정을 느끼게 되는 상황은 다양하지만 크게 두 가지 상황으로 나누어 볼 수 있다. 가장 흔한 경우는 친구나 부모, 또는 선생님이 자신을 오해하거나 제대로 알아주지 않을 때 아이는 속상함을 느낀다. 이 경우의 속상함은 자신을 오해하거나 몰라주었던 상대가 자신을 제대로 인정해 주면 해소된다. 그러려면 상대방에게 자신을 제대로 보여주거나 설명하는 과정이 필요하다.

속상한 감정이 생기는 또 다른 경우로 아무리 애쓰고 노력해도 자신이 원하는 지점에 다다를 수 없다고 느껴질 때를 들 수 있다. 이 경우는 상황을 객관적으로 살펴볼 필요가 있다. 즉, 자신이 원하는 바가 노력하면 실현될 수 있는 목표인지 노력을 하더라도 달라질 수 없는 이상인지 말이다.

아이 혼자 문제를 객관적으로 바라보고 해결 방법을 찾아내기 어려운 경우 교사나 부모님처럼 삶의 경험이 더 많은 이의 도움이 필요하다. 노력으로 도달할 수 있는 목표라면, 목표 달성에 보다 효과적인 방법을 조언해 주고 격려로 힘을 실어주어야 한다. 만약 노력으로 해결할 수 없는 문제라면, 아이로 하여금 이전과는 다른 눈으로 상황을 바라볼 수 있도록 이끌어 줌으로써 아이 자신을 괴롭혀 온 생각을 바꾸도록 하고, 속상한 감정을 털어낼 수 있게 도울 수 있다.

소피의 경우는 첫 번째 상황이었다. 너도밤나무를 향한 소피의 감정과 생각을 친구들은 알 턱이 없다. 소피의 마음도 모르면서 놀리는 친구들이 야속하고, 서운하고, 속상하다.
화(분노)가 외부로의 폭발이라면, 속상함은 내부 깊은 곳으로 가라앉는 느낌이다. 미소 가득한 얼굴로 그림을 그리다가 갑자기 아무런 말도 못 하고 고개 숙여 눈물을 떨구는 소피의 모습에서 한순간 무너져버린 마음의 상태를 알 수 있다.

소피의 마음을 알아차린 선생님이 다가와 물으셔도 소피는 대답하지 못한다. 소피의 그림 색깔이 다 이상하다는 아이들의 말에 선생님이 웃으며 다음과 같은 처방전을 제시한다.
"소피, 네 그림 얘기 좀 해 줘."-〈소피가 속상하면, 너무너무 속상하면〉

처음엔 웅얼거리며 말하기 시작한 소피는 곧 목소리에 힘이 생기기 시작하고, 자신이 받은 느낌대로 색을 칠하고 표현했음을 설명한다.

선생님은 소피의 이야기에도, 친구들의 이야기에도 귀를 기울이는 경청의 모범을 보여주고, 각각의 작품들은 틀린 것이 아니라 다르다는 것, 그리고 특별하다는 것을 깨닫게 해준다.

내 마음이나 생각을 상대가 이해하지 못해 속상하다면 설명을 하면 된다. 그런데 아이들은 자신을 설명하는 것에 익숙하지 않다. 그래서 도움이 필요하고 경험도 필요하다. 따라서 부모와 교사는 아이들이 자기 생각과 느낌을 말로 표현할 수 있도록 자주 묻고, 듣고, 호응해 주어야 한다. 그렇게 자신을 상대에게 표현하고 이해받게 되면 불편했던 마음은 어느새 편안해진다. 이런 경험을 한 아이는 다음에는 어른의 도움 없이 혼자서 자신을 설명해 보려 노력할 것이다.

느리고 약한 다리 때문에 속상하다는 재경이의 말에 나는 이렇게 대답했다.
"재경이가 어떤 점 때문에 속상했는지 말해주니 네 마음을 알 것 같아. 친구들과 같은 속도로 걷지 못하는 점 때문에 속상했구나. 기준을 나 아닌 다른 사람에게 두면 속상할 때가 참 많아. 세상에는 나보다 더 앞서 나가는 사람들이 많으니까. 하지만, 재경아. 모두가 빨리 걸어야 하는 건 아니야. 빨리 걷는 사람이 목표 지점에 더 일찍 도착할 수는 있겠지만, 천천히 걷는 사람만큼 길가의 풍경을 자세히 보지는 못하거든. 빨리 걷는 친구들이 보지 못하는 걸 재경이는 더 잘 보고 느낄 수 있어. 더 잘 보고 느낀 만큼 더 크고 깊고 넓은 사람이 될 수 있단다."

🔊 소리 내서 읽어보세요

소피가 제 그림을 오래 들여다봐요.
앤드루도 소피의 그림을 봐요.

"네가 그린 파란 나무가 행복해 보여."
앤드루가 말했어요.
"나는 네 나무가 땅을 꽉 움켜쥐고 있는 게 마음에 들어."
소피가 대답했어요.

-〈소피가 속상하면, 너무너무 속상하면〉,
(몰리 뱅, 책읽는 곰) 중에서

‼️ 친구가 몰라주면 말로 설명해 주세요.
친구가 이해되지 않으면 물어보세요.
그렇게 친구의 생각에 대해 알고 나면
친구의 멋진 부분이 이전보다 훨씬 더 많이 보인답니다.

Ⅰ 죄책감 해결하기:
〈빨간 매미〉

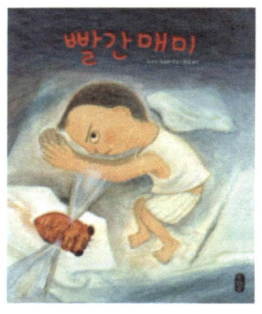

〈빨간 매미〉
(후쿠다 이와오 글/그림, 한영 역, 책읽는곰)

> 다리가 후들후들 떨렸다.
> … 고개를 들 수 없었다.
>
> 나는 자꾸만 나쁜 사람이 되어간다.
> 아빠랑 엄마랑 유미도, 고우랑 다른 애들도
> 모두 나를 싫어하게 될 거다.
>
> -〈빨간 매미〉, 후쿠다 이와오, 책읽는곰-

‼️ 다들 비슷한 경험이 있지 않나요?
죄책감은 정말 괴로운 감정이죠. 두렵고, 후회되고, 걱정되고…
이런 감정에서 벗어나는 가장 빠르고 좋은 방법이 있는데
뭔지 아시나요?

〈빨간 매미〉(후쿠다 이와오, 책읽는곰)는 〈방귀만세〉를 쓴 후쿠다 이와오의 작품으로, 충동적으로 저지른 행동 이후 어린아이가 느끼게 되는 죄책감의 고통스러운 과정을 매우 섬세하게 다루고 있다. 더불어 자기 잘못을 어떻게 마주해야 하는지 올바르게 가르쳐주는 좋은 어른들의 모습도 함께 제시하고 있어, 교사나 부모들에게도 많은 깨달음을 주는 그림책이다.

이치는 문구점에 갔다가 자기도 모르게 빨간 지우개 하나를 훔친다. 이 행동으로 인해 방학 숙제에 필요한 국어 공책은 정작 사지도 못하고 엉뚱한 수학 공책을 사 오고 만다. 지우개를 주머니에 넣던 순간 이치의 머릿속에서 어떤 사고 과정이 진행되었는지는 구체적으로 나와 있지 않다. 다만 그 순간부터 마음속 괴로움이 시작된다. 양심의 소리, '죄책감'이 발동된 것이다.

죄책감은 양심에 비추어 자신이 한 일이 옳지 않음을 느끼고 후회하며 책임을 느끼는 감정이다. 이는 기본적인 사회 규범과 질서를 인식하고 이를 기준으로 자기 행동을 판단할 수 있어야 느낄 수 있는 감정이기도 하다.

앞서 살펴본 세 가지 부정적인 감정, 즉 두려움, 분노, 속상함은 본능적으로 느껴지는 감정이며, 주로 타인이나 외부 세계에 대한 감정이다. 하지만 죄책감은 다르다. 죄책감은 내 잘못, 즉 '나' 자신에 대한 감정이다.

자꾸만 내 안으로 파고드는 감정이다. 죄책감은 자기 자신을 엄청난 고통과 불안에 시달리게 하며, 혼자서는 해결하기 어려운 감정이다. 용기를 내어 자기 잘못을 자백하고 상대로부터 '용서'라는 구원을 얻어야만 비로소 자유로워질 수 있다.

어린아이들의 경우 옳고 그름에 대한 분별력이 부족해 순간 마음이 가는 대로 행동할 때가 많다. 나의 학생들에게서도 이런 일이 종종 일어난다. '죄책감'을 잘 느끼지 못하거나 어떤 점이 진짜 잘못된 것인지 명확하게 깨닫지 못하는 것이다. 무엇이 옳은 것이고 무엇이 잘못된 것인지, 왜 나쁜 것인지, 잘못했을 때는 어떻게 해야 하는지. 그래서 제대로 가르쳐야 한다. 이는 부모나 교사의 몫이다.
"○○이, 친구 샤프는 왜 가져온 거야?"
"내 샤프 고장 나서요. 이거 필요해요."
"그렇다고 친구 샤프를 말없이 가져오면 될까, 안 될까?"
"……"
"반대로 친구가 네 물건을 말도 안 하고 가져가면 기분이 어떨까?"
"기분 안 좋아요."
"○○이가 똑같은 일을 당했을 때 기분 나쁠 거라고 생각되면 친구에게도 하지 말아야 하는 행동이야. 옳지 않은 일이야. 앞으로 '내가 싫은 일은 남에게도 안 하기.' 알겠지?"

때로는 잘못인 줄 알면서도 순간의 '충동'(이 욕구는 종종 '자기도 모르게'로 표현된다)을 통제하지 못하고 사회적 규범의 선을 넘기도 한다.

행동의 옳고 그름을 판단하기보다 '나는 지금 이게 필요해. 너무 갖고 싶어.'나 '이걸 숨기면 재미있겠다. 장난치고 싶어.'라는 욕구가 우선이다. 이후에 따라 올 결과를 생각하지 않는다.

무엇이 잘못인지, 왜 잘못된 것인지 아이들이 깨닫지 못할 때 나는 아이와 반성문을 함께 쓴다. 스스로 반성해야 할 내용을 떠올리기 어려워하므로 **먼저 아이와 함께 차근차근 상황을 짚어가며 어떤 행동이 잘못되었는지, 그 행동이 잘못인 이유는 무엇인지, 그리고 앞으로는 어떻게 해야 할 것인지를 함께 이야기해 본다.** 이때는 반드시 아이가 본래 원했던 목적을 달성할 수 있는 행동 중 좀 더 긍정적인 행동을 함께 제시한다.

"○○이가 친구 물건을 숨긴 건 친구랑 친해지고 싶어서 한 장난이지만, 친구는 자기 물건이 사라져서 정말 많이 당황하고 속상했을 거야. 자꾸만 그런 행동을 반복하면 친구들이 ○○이를 좋아하게 될까, 싫어하게 될까?"

"싫어해요."

"그래. 그러니까 다음엔 이런 장난 말고 친구들이 ○○이를 좋아하게 할 만한 행동을 선택해 보자."

그 다음 아이와 이야기 나눈 내용을 **글로 작성**해본다. 혼자 글씨를 쓰기 어려운 경우 반성문 내용을 교사가 작성하여 인쇄해 주되 인쇄된 각 문장의 바로 아랫줄에 인쇄된 문장을 따라 쓰기 할 수 있도록 한 줄의 빈칸을 만들어 두거나 덮어쓰기가 가능하도록 옅은 색 글씨로 인쇄

한다. 그러면 아이가 손 글씨로 따라 쓰면서 혼자서 자기 행동에 대해 다시 생각해 보게 된다. 이때 반성문 분량을 너무 많이 주지 않도록 한다(큰 폰트로 5~6문장 이내).

반성문을 다 쓰면 **마지막으로 함께 낭독**하고 앞으로 같은 잘못을 저지르지 않을 것을 새끼손가락 걸고 약속한다. 이렇게 세 번 마음에 새기면 옳고 그름에 대한 생각이 아이에게 천천히 자리를 잡는다. 물론 행동 습관이 한 번에 완전히 고쳐지지는 않지만 여러 번 반복해서 지도하다 보면 어느새 아이의 부적응 행동이 줄어들고, 적응적이고 긍정적인 행동이 증가하게 된다.

그 후부터는 잘못된 일을 하려는 순간, 혹은 이미 저지르고 만 순간이라도 아이의 마음속 소리가 다음 행동으로의 진행을 멈추게 한다. 아이의 양심이 죄책감을 발동시키는 것이다.

> 다리가 후들후들 떨렸다.
> 고개를 들 수가 없었다.
> - 〈빨간 매미〉 중에서

자기도 모르게 잘못을 저지르고 어쩔 줄 몰라 하는 이치의 마음이 생생하게 전달된다. 이치가 왜 이런 반응을 보였는지 아이들에게 물으면 이렇게 대답한다.
"지우개 훔쳐서요."

"나쁜 짓 해서요."

이치는 이제 빨간 지우개를 볼 때마다, 더 나아가 지우개와 같은 색깔인 빨간 매미를 볼 때마저도 가슴이 답답하고 불안해지는 것을 느낀다.
"문구점 아줌마도 가까이 없는데 이치는 왜 기분이 계속 안 좋을까?"
"지우개 훔친 것이 찔려서요."
"어디가 찔려?"
"잘못했으니까 마음이 찔려요."
"(손으로 가슴을 치며) 답답해요."
"맞아. 잘못하면 왠지 마음이 따끔따끔하고 답답하고 그렇지? 그런 마음을 어려운 말로 **죄책감**이라고 해. 내가 잘못한 일이 후회되고 미안한 마음."

이치는 빨간 지우개를 훔치고 난 후 자신에게 일어난 일들을 돌아본다. 동생과의 약속도 어겼고, 매미 날개도 잡아 뜯었다. 마음이 편치 않으니 왠지 예민해지고 괜시리 남에게 짜증을 내거나 화풀이를 하게 되었다. 자꾸만 나쁜 사람이 되어 가는 자신을 가족들도 친구들도 점점 좋아하지 않게 될 것 같다. 정말 그렇게 되는 건 싫은데...

이치는 용기를 내어 엄마에게 사실을 이야기한다. 엄마는 이치의 고백에 어떻게 반응했을까? 이치는 과연 이 죄책감을 어떻게 해결했을까?

마지막 페이지의 이치는 책 전체에서 가장 밝은 얼굴로 동생과 물놀이 중이다. 낭독을 하면서 이치의 괴로운 마음을 마치 자기 일인 양 생생히 느껴 온 아이들은 죄책감이 해결된 후의 후련한 마음 역시 고스란히 함께 느낀다. 마치 자기 일처럼 "휴~" 큰 숨을 내쉬며 안심의 미소를 짓는다. 용기를 내어 자기 잘못을 고백하고 용서를 받은 이치의 평온하고 행복한 얼굴이 어린 독자들의 마음까지 안심시켜 주는 까닭이다.

양심의 소리에 귀 기울이며 '죄책감'의 무게를 경험하고 있는 아이를 마주한다면 이렇게 말해주세요.
"누구나 실수는 할 수 있어. 그럴 수 있어. 잘못을 인정하고 용서를 빌 용기만 있다면 다시 시작할 수 있는 거야. 혹시 용기가 조금 부족하다면 내가 네 손을 잡고 함께 가 줄게. 어때? 할 수 있겠니?"

I 행복 찾기:
〈무민 골짜기 이야기〉 시리즈

항상 밝게 웃고, 어떤 제안에도 늘 "네! 좋아요!"로 대답하는 아이가 있었다. 뭔가를 실수했거나 쉽게 안 되는 일이 생겨도 곧 오른쪽 검지를 치켜세우며 씩씩하게 말하곤 했다.

"준모가 틀렸네요. 그래! 다시 해보자!"

준모는 누구에게나 행복을 전해 주는 아이였다. 커다란 덩치에 뽀얀 얼굴, 귀여운 미소로 만나는 사람마다 "○○○선생님, 안녕하세요~", "○○야, 안녕?"하며 밝게 인사를 건넸다. 당연히 선생님, 친구들에게도 인기가 많았고, 남자 친구들은 준모가 예쁜 여학생들 이름만 기억해 준다며 질투 아닌 질투를 하곤 했다. 어떤 선생님은 나에게 이런 말씀도 하셨다.

"나는 준모 인사를 받으면 그날 하루가 다 행복해져. 저렇게 환하게 웃으면서 인사하는데 어떻게 같이 웃지 않을 수가 있어? 준모는 진짜 해피 바이러스야."

하지만 준모를 잘 모르는 분은 아이를 처음 대할 때 부담을 느끼기도 했다. 특수교사가 아닌 일반 교과 선생님 중에는 준모와 같은 자폐 학생이 돌발행동을 보이면 자신이 교실 상황에서 통제할 수 없게 되지 않을까 염려하시는 분도 계셨다. 여러 학생 앞에서 당황하고 어쩔 줄 몰라 하는 모습을 보이게 될까 봐 불안하셨던 모양이다.

준모의 담임 선생님 역시 처음 준모를 만났을 때 그런 염려를 하신 것 같다. 준모에 대해서는 전적으로 나에게 맡기시겠다고 말씀하시며 준모와 일대일로 마주하는 상황을 가능하면 만들지 않으려 의식적으로 노력하시는 듯 느껴졌다. 심지어 준모가 선생님께 인사를 해도 아무런 반응이 없으신 경우가 많았다.

"담임 선생님이 인사를 안 받으시네요."
준모의 얼굴에 서운한 기색이 역력했다.
"준모야, 선생님이 너무 바쁘셔서 급히 가시느라 준모 인사를 듣지 못하셨나 봐."
이후에도 이런 상황이 몇 번 반복되자 준모는 스스로 이렇게 이야기하곤 했다.
"선생님이 너무 바쁘신가 봐요."
이쯤 되면 다른 아이들은 뒤에서 친구들과 그 선생님의 흉을 볼지언정 더 이상 인사를 하지는 않는다. 하지만 우리의 준모는 달랐다. 아침에 뵐 때도, 복도에서 뵐 때도, 종례 후 교실을 나설 때도, 하루에도 몇 번씩 담임 선생님을 만날 때마다 변함없이 해맑은 미소로 계속해서 인사를 건넸다.

그 후 어떤 일이 일어났을까? 오래지 않아 담임 선생님도 준모가 공격적인 돌발행동을 하는 학생이 아니라, 오히려 유순하고 애교 많은 매력쟁이라는 걸 깨닫게 되셨나 보다. 언제부턴가 급식 시간마다 "준모야, 맛있게 먹어~." 하며 유독 애정 가득한 인사를 건네시고, 준모가 인사를 할 때마다 "어, 그래. 준모도 안녕?" 반갑게 호응해 주셨다. 이따금 개별반 교실에 일부러 들러 준모가 얼마나 사랑스러운지 이야기하고 가시기도 하셨다. 이런 변화 과정을 옆에서 다 지켜보셨던 특수교육 실무사 선생님이 이렇게 말씀하셨다.

"와~ 웃는 얼굴에 침 못 뱉는다는 말이 진짜 맞네요. 우리 준모가 차가웠던 선생님 마음을 완전히 바꿔버렸잖아요!"

해피 바이러스, 스마일 왕자 준모가 상대방의 감정을 쉽게 읽지 못하는 자폐성 장애인이기 때문에 상처를 받지 않은 것일까? 그렇지 않다. 자폐인도 불친절에 상처 받고, 거부를 당하면 슬퍼한다. 다만 그 감정을 몇 번이고 곱씹거나, 상대의 불확실한 감정을 추측하지 않을 뿐. 그리고 준모에게는 더 특별한 강점과 자원이 있었다. 타고난 밝은 성격과 탁월한 회복탄력성, 이를 만들어준 사랑이 넘치는 가족이 바로 그것이었다.

누군가 하루 종일 계속 설레고, 흥미진진하며, 기쁘고 즐거워 행복감이 몰려오는 기분을 느낀다고 말한다면 나는 진지하게 의사와의 상담을 권할 것이다. 그런 감정의 지속은 정상적이지 않으며, 매일의 우리 삶이 그렇게 진행되지도 않기 때문이다. 매 순간 행복하다면, 우리는 더 이상 그 행복의 순간을 특별하지도 감사하지도 않게 느낄 것이다.

지금까지 부정적 범주에 속하는 개별 감정들을 다룬 책 몇 권을 중심으로 아이들과 수업 했던 장면을 소개했다. 이번에는 행복을 이야기할 차례다. 앞서 소개한 부정 정서의 책들 역시 사실은 행복한 감정을 함께 다루고 있다. 어린이 그림책들 대부분 마지막은 갈등이 해소되고 주인공이 안도감과 행복감, 기쁨을 느끼는 것으로 끝을 맺는다.

〈만복이네 떡집 시리즈〉는 매 편 주인공들의 문제가 해결되는 해피엔딩으로 이야기가 마무리되고, 〈빨간 매미〉는 사건 해결 후 세상 편안한 마음으로 물놀이를 즐기는 주인공의 모습으로 끝을 맺는다. 청소년 소설 역시 대부분 희망과 용기를 주는 내용으로 결말을 지으며 마지막 페이지를 덮는 독자들의 마음을 편안하게 해준다.

사람은 누구나 행복을 꿈꾼다. 오늘은 좀 힘들어도 머지않아 행복해질 날을 기대하며 매일의 삶을 살아간다. 하지만 행복은 선물처럼 받는 것이 아니라 각자가 찾아내는 것이다. 우리가 일상에서 당연하게 누리고 있는 수많은 것들 속에서 세심하고 다정한 눈으로, 감사의 마음으로 들여다보아야 찾을 수 있는 것. 그것이 행복이다. 새롭고 특별한 행운을 바라는 대신 내가 이미 가지고 있는 것들을 세심히 들여다보며 감사할 점들을 하나씩 찾다 보면 거기서 행복이 발견된다.

그렇게 소소한 행복을 찾아내는 기술자들이 가득한 그림책 시리즈를 하나 소개하려 한다. 바로 많은 분이 알고 계시는 핀란드 작가 토베 얀손의 '무민 골짜기 이야기' 시리즈이다.

무민 이야기는 소설과 만화책, 그리고 그림책(무민 골짜기 이야기)까지 세 가지 시리즈가 있다. 토베 얀손이 특정 독자층을 염두에 두지 않고 글을 썼다고 말한 것처럼 어린이에서 어른까지 누구나 쉽게 읽고 감동할 이야기들을 담고 있다. 하지만 연작소설 시리즈 대부분이 이백 쪽 이상 되는 분량이므로 글밥이 많은 책에 익숙하지 않은 아이들에게는 '무민 골짜기 이야기' 그림책 시리즈를 권하고 싶다. '무민 골짜기 이야기'는 소설의 내용을 어린이 눈높이에 맞게 재해석해서 그림책으로 펴낸 것이라 내용이 많이 압축되어 있다.

〈무민 골짜기 이야기〉 시리즈
(토베 얀손 원작, 이유진 역, 어린이작가정신)

하지만 한 구절씩 천천히 소리 내서 읽어 내려가며 삽화를 기반으로 장면을 떠올리다 보면 축약된 짧은 문장에서도 행간의 숨은 의미를 찾아낼 수 있다. 그림책 시리즈를 통해 친숙해지고 나면 언젠가 연작 소설에도 도전해 볼 날이 오지 않을까?

무민 시리즈에는 사랑스러운 캐릭터들이 등장한다. 다정한 무민, 자상한 무민마마, 모험가 무민파파, 꼬마 미이, 여성(?)스러운 스노크메이든, 철학자 스너프킨……. 이들은 모두 명언 제조기들이다.

> "미이가 또 못 먹는 버섯을 따왔네. 작년에도 그러더니."
> **"내년에는 맛있는 버섯을 따 올지도 몰라요.**
> **희망을 가질 수 있으니 얼마나 좋아요."**
> – **무민마마** 〈무민 가족과 보이지 않는 손님〉,
> 토베 얀손, 어린이 작가정신
>
> "물고기 잡는 법을 깨치면 평생 먹고 살 수 있지!
> 젊었을 때 아빠가 늘 되새긴 말이란다.
> **아빠는 늘 물고기를 스스로 잡아 왔으니**
> **이렇게 현명하고 슬기로워졌지."**
> – **무민파파** 〈무민 가족과 등대섬〉, 토베 얀손, 어린이 작가정신
>
> "에이, 늪을 건너지도 못하면 햇빛은 어떻게 찾아내겠어?"
> – **무민** 〈무민 골짜기로 가는 길〉, 토베 얀손, 어린이 작가정신

그렇다고 모두가 마냥 귀엽고 착한 이상적 캐릭터인 것은 아니다. 때론 엉뚱하고, 때론 민폐를 끼치고, 때론 피해의식에 젖어 남들을 몰아세우기도 하는 등 인간적(?)인 면모를 종종 보인다. 그래도 결국은 서로 이해하고 양보하며 둥글둥글 살아가는 무민과 친구들이기에 순수한 어린이들도 순수해지고 싶은 어른들도 자꾸만 마음이 끌리는 것 같다.

'무민 골짜기 이야기' 시리즈의 여러 책 중에서 〈무민과 세상의 마지막 용〉의 에피소드를 통해 무민 가족과 친구들이 행복을 찾아가는 방법을 소개하려 한다.

어느 여름 아침, 무민은 연못 속에 유리병을 넣었다가 날개와 머리는 초록빛, 배와 꼬리는 노란빛인 작은 용을 발견한다. 용에게 마음을 빼앗긴 무민은 아무리 자신에게 도도하게 굴어도, 심지어 내뿜는 불꽃에 손을 데어도 용이 밉지가 않다. 자신이 찾아낸 용이 뭘 해도 사랑스럽고 좋을 뿐.

무민은 그런 자기 용을 친구 스너프킨에게 보여준다. 스너프킨은 무민의 표정만 보아도 마음을 다 알아채는 진짜 친구이다. 그런데 이럴 수가. 여태껏 아무리 애써도 무민에게는 쌀쌀맞게만 굴던 용이 갑자기 스너프킨의 어깨에 살포시 내려앉아 떠날 줄을 모르는 것이 아닌가. 그동안 많은 사랑을 쏟아온 자신보다 처음 만난 스너프킨을 더 좋아하는 용을 볼 때 무민은 어떤 마음이었을까? 이런 짝사랑을 한 번이라도 경험해 본 적이 있는 사람이라면 무민의 마음을 쉽게 이해할 수 있을 것이다. 내가 진심으로 아끼고 사랑하는 대상이 나 아닌 다른 사람을 더 좋아하고 있다는 사실을 깨닫는 순간의 그 쓰라리고 아픈 마음을 말이다. 반대로 스너프킨의 입장이 되어 본 사람도 있을 것이다. 그렇다면 소중한 친구가 사랑하는 대상이 내 친구가 아닌 나를 사랑한다는 것을 느꼈을 때, 그리고 나 역시 그 대상에게 끌리고 있음을 알았을 때 일어나는 마음속 갈등 역시 무척이나 괴로운 일이라는 것 또한 잘 알 수 있을 것이다.

그림책이지만 이렇게나 심오한 주제를 다루고 있는 〈무민 시리즈〉이다. 진짜 사랑하는 대상을 위해, 사랑하는 친구를 위해 무민과 스너프킨은 어떤 선택을 했을까. 무민과 스너프킨 모두 행복해질 수 있는 선택을 했을까. 감동적인 결말은 독자 여러분이 '무민 골짜기 이야기' 시리즈에서 직접 확인해 보시기 바란다.

나의 것이 아닌 것, 남의 것이기에 더 근사해 보이고 탐나는 대상에 마음을 쏟게 되면 그 순간부터 더 이상 행복하지 않다. 욕심과 질투가 솟아올라 자신을 송두리째 흔들기 시작한다. 고통의 시작이다. 우리는 이와 반대로 무민과 친구들이 전해 준 행복해지는 비법을 따라가 보자. 내가 이미 가지고 있는 것, 내 곁에 있어 나만이 알 수 있는 소중한 것에 더 마음을 쏟고 정성을 기울인다면 만족과 기쁨, 즐거움과 감사로 이어지는 행복의 감정들이 선물처럼 찾아올 것이다.

우선 오늘 마주치는 사람들에게 미소로 인사를 건네는 일부터 시작해 보면 어떨까? 나로부터 시작된 해피 바이러스가 점점 더 많은 사람을 행복하게 만들 테니까.

🔊 소리 내서 읽어보세요

(모습이 변해버린 무민)
"하지만 나는 무민인걸! 아무도 나를 믿어 주지 않는 거야?"
무민마마는 겁에 질린 무민의 눈을 오랫동안 들여다보았어요.
그런 다음 조용히 말했어요.
"그래, 무민이구나. 엄마는 언제나 우리 꼬맹이를 알아본단다."
그 순간 무민의 모습이 변하기 시작했어요.
커다랗던 눈과 꼬리가 줄어들었고,
홀쭉하던 코와 배가 불룩해졌지요.
곧 무민은 여느 때와 같은 모습으로 돌아왔어요.
-〈무민 가족과 마법의 모자〉 p.14~15
(토베얀손, 어린이작가정신) 중에서

❗❗ 무민마마처럼 우리도 아이들을
있는 모습 그대로 바라봐주면 어떨까요?
사춘기랍시고 문을 꽝 닫고 들어가도,
엄마 마음에 생채기 나게 하는 거친 말을 마구 던져도
우리 꼬맹이는 언제까지나 우리 꼬맹이잖아요.
그렇게 모두가 아니라고 해도
믿어 주는 한 사람이 되어 준다면 아이는 다시
착한 '우리 꼬맹이'로 돌아오지 않을까요.

세상에서 가장 느린 마음공부

넷
경계에 서 있는 너에게

I 천천히 나아가도 괜찮아: 〈우리를 기다려 주세요〉

> 나는 나일 뿐인데
> 나는 조금 다르대.
> 나는 경계에 있대.
> 이쪽도 저쪽도 아닌 경계.
> – 〈우리를 기다려 주세요〉,
> 이상미 글, 정희린 그림, 옐로스톤 –
>
> ❗ 이쪽에도 저쪽에도 속하지 못하는 경계에 서 있다는 건
> 어떤 느낌일까요?
> 경계 짓지 말고, 서 있는 그 자리에 있는 그대로의 모습으로
> 바라봐주고, 인정해 주면 참 좋겠습니다.

'경계'라는 말은 다양한 의미에서 사용될 수 있다. 일반적으로는 사물이나 지역을 어떤 기준으로 구분했을 때 양쪽의 중간 위치를 경계라고 지칭한다. 이 경우 양쪽의 특성을 모두 가지고 있어 사실상 양쪽 모두에 속하는 셈이지만, 현실에서는 어느 쪽에도 포함되지 못하는 곤란을 겪을 때가 있다.

학교 현장에도 경계에 서 있는 아이들이 꽤 있다. 지적장애는 지능과 적응행동(사회적 기능)을 기준으로 진단한다. 즉, '경계선 지능'이라고 하면 지적장애 진단 기준보다 상위의 지적 능력을 지니고 있지만 평균 지능보다는 낮은 경우를 의미한다.* 하지만 지능은 검사 당일 다양한 변수에 의해 달라질 수 있으며, 측정 시기 이후에도 어떤 학습 경험을 하느냐에 따라 달라질 수 있는 요소이다.

경계선 지능 청소년들은 비장애 친구들 속에서도, 장애 친구들 속에서도 외롭다. 장애 진단을 받지 않았으나 또래들의 학습과 놀이 수준을 똑같이 따라가기는 힘들다. 친구들 속에서 그런 자신의 상황을 인지하고 있기에 쉽게 위축되거나 자신감 없는 모습을 보인다.
　비장애 친구들과 친해지고 싶어 이리저리 눈치도 보고 부단히 노력하지만 뭔지 모를 미묘한 차이가 뛰어넘을 수 없는 벽처럼 존재한다. 그렇다고 장애 친구들과 친해지자니 눈높이도 마음 높이도 달라 절친이 되기엔 역시 어려움이 있다. 양쪽의 경계에 선 아이들은 아무도 자신들의 마음을 이해하지 못하는 것 같아서 참으로 힘겹고 서글프다.

〈우리를 기다려 주세요〉
(이상미 글, 정희린 그림,
(주)사탕수수 기획, 옐로스톤)

*DSM-IV(미국 정신장애 진단 및 통계편람)는 표준화 지능검사를 실시했을 때 IQ 70~85 사이에 속하는 경우를 '경계선 지능'으로 정의함. 하지만 개정된 DSM-V는 구체적인 지능지수 제시 없이 '개인의 경계선 지적 기능이 임상적 주의를 요하거나 개인의 처지나 예후에 영향을 줄 때를 지칭'하며 '경도 지적장애와 구분을 위해 지적기능 및 적응기능 고려 필요'를 명시함.

최근에 느린 학습자들의 이야기를 담은 그림책이 한 권 나왔다. 사회적 농장 '(주)사탕수수'에서 기획 제작하고, 이상미 작가가 글을, 정희린 작가가 그림을 그린 〈우리를 기다려 주세요〉이다.

책 속의 아이 역시 여느 집 아이들처럼 기대와 사랑을 듬뿍 받고 태어난다. 하지만 커가면서 또래보다 늦되고 서툴러 힘든 날들이 계속된다. 꾸중도 많이 듣고, 앞으로 나아가기가 점점 두렵고, '나는 어디에 속한 존재인가?' 늘 혼란스럽다. 그러함에도 불구하고 언젠가는 자기 자리에서 한 사람 몫을 하는 어른이 될 날을 꿈꿔 본다. 오늘도 천천히 타박타박 앞으로 걸어 나가는 느린 학습자들이 조심스럽게 부탁의 말을 건넨다. "우리를 기다려 주세요."

아이 중에는 또래보다 말이 빠른 아이도 있고, 느린 아이도 있다. 걸음마가 빠른 아이도 있고 느린 아이도 있다. 누구나 그러했다. 하지만 우리의 엄마들은 기다려 주었다. 아이의 말이 유창하지 않아도, 걸음이 느려도 기다려 주었다. 때로는 남들과 다른 방식과 속도라도 괜찮았다. 엄마가 믿고 기다려 준다면 언젠가는 함께 수다도 떨고 산책도 할 날이 올 테니까.

내 아이를 기다려 주던 넉넉한 마음으로 내 아이의 친구를, 우리 동네 아이를 조금 더 기다려 주는 어른이 되어 보면 어떨까. 기다려 주는 어른들이 많은 세상이 되면 지금보다 더 많은 아이가 행복하고 건강하게 자랄 수 있을 것이다. 또 그렇게 어른이 된 아이들이라면,

그들 역시 먼 훗날 나이 든 노인이 되어 느린 걸음을 걷게 될 우리를 충분히 기다리고 배려해 주지 않겠는가.

📢 소리 내서 읽어보세요

나는 느리지만 천천히 생각해
마음에 더 깊이 오래 머무를 수 있어.
생각은 나를 재촉하지 않아.
입으로 말하기 힘든 마음속 말을
글을 쓰며 털어놓아.
글을 쓰며 세상 속에 어우러진
내 모습을 그려 보곤 해.
-〈우리를 기다려 주세요〉, (이상미/정희린, 옐로스톤)

❗❗ 천천히 생각하고, 천천히 나아가도 괜찮아.
어제보다, 한 달 전보다, 지난해보다
이만큼이나 앞으로 나아갔는걸?

I 느린 학습자들을 한 뼘 더 성장시키는 청소년 소설

경계에 서 있다는 건 느린 학습자들만의 이야기가 아니다. 학교 현장에서 보면 심리적인 문제, 성격적인 문제, 기타 다양한 이유로 이쪽에도 저쪽에도 속하지 못한 채 또래 친구들과 어울리지 못하고 학교생활에 적응하기 힘들어하는 학생들이 꽤 많다.

'경계'는 장애 영역에만 존재하는 것이 아니다. 청소년 시기는 사람의 성장 과정 중 아이에서 어른으로 넘어가는 중간 경계로 볼 수 있다. 다문화 가정의 아이들은 양쪽 부모의 다른 국적 사이 경계에 서 있다고도 생각할 수 있다. 그러고 보니 나 역시 청년과 장년의 경계에 서 있는 중년이다. 따지고 보면 우리는 누구나 날마다 어제에서 오늘로, 오늘에서 내일로 경계를 넘어가고 있는 것 아닌가.

우리 아이들이 나와 너를 구분 짓지 않고, 옳고 그름이 아닌 다름을 인정하면서, 느리든지 빠르든지 함께 경계를 넘어 성장할 수 있기를 바란다. 그래서 나는 오늘도 경계에 서 있는 아이들과 청소년 소설을 읽으며 함께 조금씩 더 큰 사람이 되어간다. 이렇게 다양한 소속과 적응의 어려움을 겪는 느린 학습자들과 청소년 소설을 함께 읽는 것은 여러 가지 면에서 이점이 있다.

우선 심리적 측면에서 성장을 가져온다. 청소년들의 이야기이므로 이해와 공감이 쉽다. 사춘기 등장인물의 고민이 현재 자신의 상황과 크게 다르지 않음을 깨닫게 되면서, 자신이 지금 고민하는 문제가 자신만의 문제가 아니라는 사실에 안도감을 느낀다. 더 나아가 주인공과 심리적 유대감을 느끼면서 자신도 주인공처럼 문제를 회피하지 않고 부딪쳐 이겨내 보고자 하는 용기를 얻게 된다.

청소년 소설은 청소년 독자의 사회성 기술 향상에도 도움을 준다. 소설 속에는 또래 청소년들의 대화문이 계속해서 기술된다. 이를 통해 또래 친구들의 대화 패턴과 사고방식에 익숙해지고 상호작용의 전개를 이해하게 된다. 이는 모방 행동으로 이어지므로 생활연령에 맞는 상호작용 기술을 습득하는 결과를 가져온다.

또한 청소년 소설을 읽게 되면 어휘력 확장의 순기능이 있다. 청소년 소설의 어휘 수준은 어른들의 소설과 거의 유사하다. 가끔은 어른인 나도 처음 보는 고급 우리말 어휘를 만나게 되는데, 그때마다 사전을 찾아보며 새로운 어휘들을 학습하는 기회가 된다. '내 언어의 한계가 내 세계의 한계다.'라고 했던 비트겐슈타인의 말을 생각한다면, 청소년 소설은 아이들의 언어 범주를 넓혀 그들이 만나게 되는 세계 역시 점점 확장되도록 돕는 역할을 한다고도 볼 수 있다.

이번 장에서는 여러 청소년 도서 중에서 나의 학생들, 자녀들과 읽었던 책 혹은 어른들께도 권하고 싶은 책들을 주제별로 몇 권 더 소개해 보려 한다. 이 책들이 느리지만 자기 속도로 성장해 가는 우리 아이들에게는 따뜻한 응원이 되기를, 그 아이들과 속도를 맞춰 걷는 부모님과 선생님들께는 공감 포인트가 되기를 기대해 본다.

특별한 가족 이야기

초등학교 1학년 때의 일이다(사실 나는 '국민학교' 세대이지만). 학교에서 혈액형 검사를 했다. 내 검사 결과는 'O형'이었다. 동그란 알파벳 모양이 마음에 든 나는 기분 좋게 집에 돌아와서 엄마에게 이야기했다. 그런데 엄마의 반응이 영 이상했다. 퇴근 후 이야기를 전해 들은 아빠 역시 고개를 갸우뚱하셨다.

"진짜? 너 O형이래? 그럴 리가 없는데?"

"왜? O형이면 안 돼???"

"아빠는 AB형이고, 엄마는 B형인데 네가 O형일 리가 있니? 검사가 잘못 됐겠지."

"혹시 모르지~ 병원에서 다른 애랑 바뀌었을지도~."

엄마의 그 농담 한마디로 인해 그날 밤 나는 8살 인생 최대의 비극을 맞이하였다. 밤새 소리 죽여 울면서 얼마나 깊은 고민에 빠졌었는지 모른다. '흑흑… 이제 너희 친엄마, 친아빠 찾아가라고 하면 어떡하지? 어디에 사는지도 모르고 이제 와서 다른 엄마 아빠랑 살고 싶지도 않은데…. 앞으로 진짜 말 잘 들을 테니까 계속 이 집에서 엄마, 아빠 딸로 살게 해 달라고 잘 말해볼까?'

그 후로 얼마 안 있어 다른 일로 병원에 갔을 때 혈액형 검사를 다시 했다. 결과는 B형이었다. 1학년 때 학교에서 한 검사 결과가 잘못 나왔던 것이었다. 진짜 혈액형을 확인한 후 나는 다시 당당한 가족의 일원이 될 수 있었다. 그로부터 한참 후에 중학교 생물 수업을 듣고 나서야 이 복잡한 혈액형의 유전 법칙을 제대로 이해할 수 있었다.

부모-자녀의 관계는 선택 사항이 아니라 태어나는 순간 개인의 의지와 관계없이 결정된다. 이러한 가족 관계를 새로운 각도에서 바라보며 '진정한 가족이란 무엇일까?' 질문을 던지는 청소년 소설이 두 편 있다. 이 책들을 읽고 나면 청소년들은 자신과 가족의 관계에 대해 다시 생각해 보게 되고 자신도 모르게 가족에 대한 새로운 애정이 몽글몽글 솟아나는 것을 느끼게 된다.

(1) 가슴으로 낳아 더 소중한: 〈식스팩〉

첫 번째 책은 나와는 달리 부모 사이에서 나올 수 없는 혈액형 결과가 끝끝내 바뀌지 않았던 고2 남학생 주인공과 그래서 더 특별한 가족의 이야기, 〈식스팩〉이다.

〈식스팩〉
(이재문 글, 자음과모음)
자음과모음청소년문학상 수상작

아버지 : 우리 막내, 어서 와 앉아라.
대한이 : 됐어요. 바빠요.
어머니 : 저기, 엄마가 (학교) 상담 가도 될까?
대한이 : …….
  형   : 형이 용돈 좀 줄까?"
대한이 : 저 나가요.
세사람 : 밥은!
대한이 : 쾅!(문 닫는 소리)

위 장면은 주인공인 고2 남학생 대한이와 가족 간의 장면을 필자가 대화체로 각색한 것이자 사춘기 청소년이 있는 가정에서 흔히 연출되는 장면이기도 하다. 주인공은 아버지가 다정히 다가오는 것이 싫고, 어머니가 학교에 오는 것도 싫고, 용돈 준다는 형도 가식적이라 느낀다. 이 까칠한 주인공에게는 고민이 몇 가지 있다.

첫 번째는 자신이 아끼는 리코더가 초등학생도 불 줄 아는 별 볼 일 없는 악기라고 사람들에게 무시당하는 것이다.
두 번째 고민은 가족 가운데 혼자서 느끼는 이질감이다. 각각 전현직 소방관인 아버지와 형은 체격도, 운동 잘하는 것도 닮았지만, 자신은 닮은 구석이 없기 때문이다.
마지막 고민은 경쟁 관계인 철인 스포츠부 회장 정빈이를 상대로 철인 3종경기 시합에 나가기로 선언한 일이다. 동아리실이 걸려 있는 문제이기도 하지만, 호감을 느꼈던 동아리 신입 여자 후배가 정빈이를 좋아하는 것 같은 눈치라 더욱 철인경기에서 질 수 없는 것이다.

결국 대한이는 철인 3종경기를 준비하고 출전하는 과정에서 자기 자신을 성장시키고 세 가지 고민까지 한 방에 해결한다. 고민 해결의 드라마틱한 과정은 책 속에서 확인하시길 바란다.

어쨌거나 말랑하던 뱃살을 식스팩으로 만드는 힘겨운 과정을 함께 해준 존재가 다름 아닌 가족이었다는 것이 핵심이다. 이기는 게 중요한 건 아니라며 함께 운동할 수 있어서 참 좋았다는 아버지의 진심이 담긴 편지는 대한이로 하여금 경기 결과에 상관하지 않고 자기 자신을 더 사랑할 수 있도록, 당당해질 수 있도록 만들었으니까.

남들과 자신을 계속 비교하며 자신을 멋지게 포장도 해보지만 금세 기죽고 위축되기를 반복하는 시기가 청소년기다. '나는 누구인가' 끝없이 자신에게 질문하며 그 답을 찾으려고 부단히 애쓰는 짠한 시기가 청소년기다. 그런 고민으로 한껏 예민해진 사춘기 아들, 딸의 눈치를 보느라 말도 쉽게 건네지 못할 때가 많지만, 사실은 누구보다 진심으로 응원해 주는 관계가 바로 가족이다.

이 책을 읽는 청소년은 자신만큼이나 가족들에게 뾰족하게 구는 대한이를 통해 자기 모습을 되돌아보게 된다. 약간의 찔림을 느끼며 그날 하루만큼은 '가족들을 순한 맛으로 대해 볼까?' 생각할지도 모른다.

함께 읽는 부모님이나 선생님이시라면 자신의 청소년기를 떠올리며 아들, 딸, 혹은 제자들을 다른 마음으로 보게 될 것이다. 혼란의 청소년기를 뚫고 나가는 아이들이 한편으론 안쓰럽고 또 한편으론 대견해 가슴이 먹먹해질지도 모른다. 그리고 오늘은 조금 더 넉넉한 품으로 안아주리라 마음먹게 되지 않을까.

〈식스팩〉의 작가는 말한다. 누가 어떻게 다루느냐에 따라 리코더는 최고의 악기가 되기도 하고 어설픈 교육용 악기가 되기도 한다고.

나는 말한다. 우리가 어떻게 바라보고 이끌어 주느냐에 따라 우리 아이들이 '그냥 느린 아이'가 되기도 하고, '자기만의 페이스를 가진, 매력 있고 특별한 아이'가 되기도 한다고.

(2) 부모를 선택할 수 있다면: 〈페인트〉

 두 번째 책은 아이가 면접을 통해 적합한 부모를 선택할 수 있다는 참신한 설정으로 가족의 참된 의미를 돌아보게 하는 작품 〈페인트〉다. 이 책은 청소년뿐만 아니라 어른들에게도 추천하고 싶은 책이다.

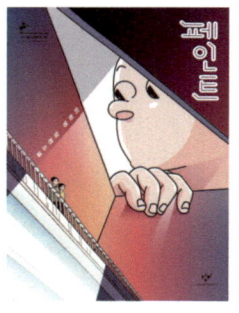

〈페인트〉
(이희영 글, 창비)
창비청소년문학상 수상작

 부모만 아이들이 '내 맘 같지 않다'는 푸념을 하는 것은 아닐 것이다. 아이들 역시 자신을 낳아준 부모이기에, 아직은 스스로 독립할 능력이 없는 어린 나이이기에 부모의 말에 따르고 있지만, 점점 자라면서 '우리 엄마, 아빠가 세상에서 제일'은 아니라는 객관적 판단을 할 수 있게 된다. 아이들이 마음속으로 나와 남편을 평가하고 다른 집 부모들과 비교도 하면서 '우리 부모도 다른 부모들처럼 ~~했으면…' 하는 생각을 수없이 할 것이라는 데까지 상상이 미치면 '부모로서 내 점수'에 더더욱 자신이 없어진다. 나와 비슷한 생각이 드는 부모님이라면 이 책 〈페인트〉를 읽어보실 것을 권하고 싶다.

　〈페인트〉는 여러 출산 장려 정책에도 출산률이 점점 낮아져 가는 우리나라 현실을 볼 때 머지않은 미래에 실제 도입될 수도 있을 법한 이야기이다. 부모가 아이 키우기를 원치 않는 경우 정부에서 운영하는 최첨단 시설 기관에서 국가의 아이들(NC)을 부족함 없이 가르치고, 양육하며, 보호한다. 하지만 이 아이들이 일정 나이가 되면 독립해 냉엄한 사회 속에서 살아남아야 한다는 점 역시 우리 시대 '보호 종료 아동'들의 현실과 닮아있다.

　NC 아이들은 NC 출신들에 대한 사회적 편견과 차별 때문에 'NC' 딱지를 떼고 싶어 한다. NC를 나가기 전에 아이의 부모가 되겠다는 지원자가 나서서, '페인트'라는 부모면접(parent's interview)을 거쳐 일반 가정에 입양이 되는데, 지원자들을 부모로 받아들일지 거부할지는 아이가 결정한다는 점이 이 소설의 독특한 설정이다.

　17세 소년 제누 301은 영리하고 매력적인 아이다. 예민한 감각으로 지원자들의 의도와 위선을 간파하고 가디(담당 관리자) '최'나 센터장 '박'에게도 종종 냉정한 돌직구를 날린다. 그런 제누가 3차 페인트 진행까지 마음먹게 한 부모 지원자가 나타났다. 과연 그들은 어떤 사람들일까?

어찌 보면 부모가 완벽하지 않은 건 아이가 완벽하지 않은 것과 마찬가지로 사람이기에 당연한 사실이다. 완벽을 기대하는 것 자체가 미션 임파서블이다. 중요한 것은 자기 약점을 숨기거나 부인하지 않고 인정하는 것이다. 부모의 권위가 무너질까 두려워 더 권위적으로 대하지 않고, 어린애 취급받지 않으려 더 센 척 하지 않고 부모와 자녀 양쪽 모두 솔직하게 마주한다면 서로의 마음을 더 깊이 이해할 수 있지 않을까.

〈페인트〉의 이희영 작가는 '나는 좋은 부모일까?' 하는 반성에서 이 소설을 쓰기 시작했는데, 책을 쓰는 동안 아이에게 오히려 더 소홀한 엄마가 되었다고 했다. 나 역시 부족한 능력에 책을 쓴다는 핑계로 아이들 공부와 먹거리를 챙기는데 전보다 많이 소홀해졌음을 느끼며 반성 중이다. 서운해하는 아이에게 엄마의 자기방어 방패를 거두고 '미안해~ 조금만, 일주일만 더 봐주라~' 솔직하게 부탁해 봐야겠다. 그리고 아이들이 좋아하는 간식거리와 함께 엄마의 세심한 눈으로 찾아낸 진심 100% 칭찬 한마디를 들이밀어야겠다. 그래야 우리 아이들이 70점짜리 엄마라도 눈 딱 감고 '우리 엄마'로 선택해 줄 테니까 말이다.

| 진짜 친구:
〈체리새우: 비밀글입니다〉

　부모보다 친구가 더 좋고, 절친이 없는 학교생활은 상상할 수도 없는 나이가 십대이다. 함께 하는 친구만 있다면 공부하기가 아무리 힘들어도 그럭저럭 버틸 만하고, 친구가 없다면 다른 조건이 다 완벽해도 못 견디게 힘겨운 시기가 청소년기이다. 부모의 말 백 마디 보다 친구들의 한마디가 더 영향력이 있고, 부모의 어떤 칭찬보다 친구들의 카톡 반응이 훨씬 중요하다. 하지만 그 중요한 친구 관계가 생각보다 단단해 보이지는 않는다.

　요즘 아이들의 친구 관계는 우리 부모 세대보다 훨씬 더 복잡미묘하고 변화무쌍하다. 여학생들의 친구 관계가 특히 그렇다. 여자 아이들끼리의 섬세한 감정선을 민감하게 알아차리고, 웃을 때 함께 웃고 호응할 때는 최신 유행어와 줄임말로 타이밍 적절하게 받아쳐 주어야 대화가 통하는 친구라 느낀다. 음악 듣는 취향, 키홀더나 액세서리 취향, 주고받는 선물 센스 정도는 갖추어야 '얘 좀 코드가 맞네'라고 여긴다.

　죽이 맞아 한참 붙어 다니다가도 어느날 갑자기 친하게 지내던 무리에서 떨어져 나와 혼자 다니는 아이들 모습이 종종 목격된다. 한번 어긋나고 부서진 관계는 쉽게 회복이 되지 않는다. 싸웠다 화해하기를 반복하며 서로를 더 깊이 이해하게 되고 점점 더 끈끈한 사이가 되던 나의 청소년기 친구들과는 사뭇 다른 모습이다.

남학생들이라고 친구 사귀기가 쉬운 것은 아니다. 운동 잘하고, 악기도 좀 다루고, 얼굴과 피지컬도 좀 받쳐주면서 유머감각도 있다면 아이들 세계에서 중심축이 된다. 만약 공부까지 잘한다면 선생님들의 인정까지 받는 핵인싸다. 하지만 이런 아이들은 극소수에 지나지 않는다. 학급 분위기를 좌지우지하며 목소리 크고 튀는 녀석들이 주축인 메인스트림에 끼고 싶지만, 그건 원한다고 되는 것이 아니라 핵심 멤버 중 누군가가 나를 끼워주어야 가능한 것이다. 운 좋게(?) 그 무리에 끼게 되었다면 묘하게 무시당하는 것 같더라도 웬만하면 아무 일 없는 척 넘기는 게 낫다. 누가 보아도 잘 어울려 지내고 있는 것처럼. 언제 밟히고 퇴출당할지 모르는 이 정글 속에서 심리적으로든, 신체적으로든 약한 모습을 보일 수는 없는 노릇이다.

비장애 아이들도 이렇게 친구 사귀기가 힘든 현실이니 나의 학생들 대부분이 통합학급 교실에서 아웃사이더라는 사실 역시 특별한 일이 아니다. 어른이 개입해서 친구를 만들어주기도 쉽지 않다. 하지만 걱정할 것은 없다. 우리의 슬로우 러너들 역시 각자 자기만의 속도와 방식으로 그 정글에서 살아남는다.

〈체리새우: 비밀글입니다〉(황영미, 문학동네)는 특히 여학생들의 이야기를 중심으로 학교에서의 친구 관계를 매우 사실적으로 보여주는 작품이다. 그렇다고 이 책이 독자들에게 친구를 잘 사귈 수 있는 꿀팁을 전해 주지는 않는다. 갈등으로 인해 멀어진 친구들이 우여곡절 끝에 다시 화해하는 해피엔딩을 보여주지도 않는다. 그저 독자에게 질문을 던진다. 진짜 '친구'는 어떤 관계여야 하는지, 그렇다면 나는 어떻게 친구들 앞에 서야 하는지 말이다.

〈체리새우: 비밀글입니다〉
(황영미 글, 문학동네)
문학동네청소년문학상 수상작

여중생 다현이는 가곡을 좋아하고 '체리새우'라는 비공개 블로그에 글도 쓰지만 이런 사실은 친구들에게 절대 비밀이다. '진지충', '선비질'이라 놀림을 받을 것이 뻔하기 때문이다. 초등학교 때 은따(은근한 따돌림)를 당했던 경험이 있어 더욱 조심스럽다.

표면적으로는 다른 네 명의 친구와 함께 '다섯손가락' 그룹에 속하지만 알게 모르게 다현이 혼자 겉도는 느낌이다. 단톡방의 다현이 톡에는 아무도 답을 하지 않아 늘 이야기의 마지막이 되곤 한다. 하지만 학원 다니느라 바쁜 친구들은 번거로운 일을 부탁할 때는 꼭 다현이를 찾는다. 다현이는 이 상황을 좋은 쪽으로 생각하려 애쓰며, 친구들과 더 가까워지기 위해 종종 선물 공세도 한다. 반응은 잠시 잠깐뿐일지라도.

어느 날 학교에서 자리를 바꿔 노은유와 짝이 되는데, 은유는 '다섯 손가락' 친구들이 '밉상'으로 찍은 아이다. 친구들이 은유를 미워하는 이유는 정확히 알 수 없지만 친구들과의 감정 공유를 위해 다현이 역시 맹목적인 혐오를 표현한다. 공감할 수 없는 감정까지 따라가야 하는 이런 관계도 친구 관계라고 할 수 있는 걸까?

1학년 재경이는 매우 조용하고 말수가 적은 학생이었다. 누군가에게 먼저 말을 걸거나 부탁하는 것을 무척 어려워하였다. 그래서 나도 재경이가 통합학급에서 친구를 사귀기는 쉽지 않을 것이라 예상했다. 그런 재경이가 어느 날 나에게 자신의 굿프렌즈(장애학생 또래 도우미) 친구인 하랑이와 더욱 친해지고 싶다는 뜻을 전했다.

'굿프렌즈 (장애학생 또래도우미)'는 교내 봉사활동 프로그램으로, 담임 선생님의 추천이나 학생 스스로 자원을 통해 선발된다. 따라서 주로 착하고 친절한 학생들이 굿프렌즈로 활동하며 개별반 친구들 가까이에서 여러 가지 도움을 준다. 하지만 '봉사활동으로 도와주는 친구'와 '진짜 단짝 친구'는 엄연히 다른 것이다.

그때부터 재경이와 나는 친구와 대화를 시작하고 이어가는 내용의 가상 대본을 만들어 연습도 하고, 겨울방학 때 집에 놀러 오지 않겠냐는 초대 편지를 연습으로 작성해 보기도 했다. 하지만 내가 직접 하랑이에게 재경이와 친하게 지내라고 이야기하거나 대신 편지를 전달해 주는 등의 개입은 하지 않았다. 그저 재경이가 상황을 어떻게 풀어나가는지 살펴보기만 했다. 예상대로 우리의 계획이 실현되지는 못했다. 당시 코로나 팬데믹으로 인해 친구 집을 방문하는 일이 매우 조심스러운 시기이기도 했고, 둘 사이가 아직 충분히 가까워지지 않았기 때문이었다.

2학년이 되어 재경이와 하랑이는 또 같은 반이 되었다. 그런데 언제부턴가 체육, 음악 수업 같은 이동수업 시간에 하랑이가 걸음이 느린 재경이를 기다렸다가 함께 가는 모습이 눈에 띄었다. 얼마 지나지 않아 급식 시간에 같이 줄을 서서 밥을 먹는 모습도 보이기 시작했다. 그간의 노력이 결국 효력을 발휘한 모양이다. 여느 아이들처럼 둘이 함께 이야기하며 하교하는 장면을 목격하던 날은 내가 괜히 울컥하여 예쁜 녀석들의 뒷모습을 카메라에 담았던 기억이 난다.

재경이와 하랑이는 3학년 때도 같은 반이 되는 행운을 만났다. 이제 둘은 이동 수업이든, 쉬는 시간이든, 점심 시간이든 껌딱지처럼 붙어 다녔다. 그 말 없던 재경이가 하랑이와 계속 수다를 떠는 모습 또한 어렵지 않게 포착되었다.
"재경아, 너 무슨 이야기를 그렇게 재미있게 해? 너무해~ 선생님한텐 목소리도 자주 들려주지 않으면서."
"킥킥. 선생님, 재경이가 얼마나 수다쟁인데요. 우리끼리 있을 때는 말 엄~청 많이 해요."

일부러 질투하는 시늉을 해 보였지만 두 녀석이 웃고 떠드는 모습이 얼마나 예뻐 보였는지 모른다. 선생님에게는 하지 않는 이야기도, 자신의 솔직한 마음도 하랑이에게는 많이 보여주었던 모양이다.

재경이는 그렇게 단짝 친구도 만들고, 통합학급 다른 친구들에게도 '잘 웃어주는 친구'라는 자신만의 이미지를 만들어갔다. 졸업을 하면서 재경이와 하랑이는 각자 다른 고등학교로 진학했지만, 여전히 전화나 문자로 연락하며 지낸다는 소식을 전해왔다. 재경이는 이렇게 자기만의 속도와 방법으로 친구를 사귀었다.

은유가 자신을 있는 그대로 솔직하게 보여줬을 때, 다현이가 의식적으로 쌓아 올렸던 마음의 벽이 허물어진다. 물론 누군가가 자신을 오픈한다고 해서 무조건 상대의 마음이 열리는 것은 아니다. 서로의 마음이 맞닿기까지는 시간이 필요하다. 대화가 잘 통하고, 마음이 잘 통한다는 느낌이 오고 갈 기회도 있어야 한다. 시간과 타이밍, 기다림과 노력이 있어야 진짜 친구가 된다. 이런 모든 것이 하나하나 운명처럼 맞아떨어져야 친구라는 귀한 인연 하나를 만들 수 있는 건지도 모르겠다.

체리새우처럼 빈 껍질을 벗어버린 다현은 그제야 이전보다 더 크고 단단해진 자신을 만난다. 이제는 자신에게 상처를 주었던 상대에게도 먼저 손을 내밀 수 있을 만큼 성숙해진 자신을 말이다. 이 책을 만나는 청소년들 모두가 그렇게 더 크고 단단해져서 넉넉한 마음으로 친구 관계를 만들어갔으면 좋겠다.

나를 숨겨야 관계가 이어지는 가짜 친구 여럿보다는 나를 있는 모습 그대로 좋아하는 진짜 친구 한 명이 찐우정이다. 세상의 모든 아싸들에게 말해주고 싶다. 솔직한 모습 그대로, 좋아하고 잘하는 것 그대로, 숨기지 말고 드러내라고. 누군가 그 모습에 호감을 느껴 마음을 열고 다가올지도 모르지 않는가. 그게 곧 진짜 친구 관계의 시작이 아닐까.

Ⅰ 어른이 된다는 것:
〈순례주택〉

    매년 3월 초 초등학생 티를 아직 못 벗은 신입생들은 과제나 준비물을 빼먹었을 때, '엄마가 ~~ 안 해줬어요.'라는 변명을 습관적으로 늘어놓는다. 그때마다 매번 같은 잔소리가 내 입에서 흘러나온다.
    "○○이 이제 아기 아니니까 '엄마가~'로 시작되는 변명은 안 돼. 나중에 어른이 되면 다 혼자 할 수 있어야 해. 어른 되려면 6년도 안 남았다? 중학교, 고등학교는 어른이 되는 준비를 하는 기간이야. 그러니까 혼자서 해내는 연습을 해야 한다구. 이제부턴 '엄마가 안 해줬어요.'라는 말 하지 말고 스스로 해보기!"

    이런 잔소리를 한번 들었다고 '엄마가~' 타령이 단박에 사라지지는 않지만, 몇 번이고 반복해서 이야기해 주면 얼마 후 '엄마가~' 대신 '제가 깜빡했어요'로 바꾸어 말하는 모습을 볼 수 있다. 녀석들, 빨리 어른이 되고 싶기는 한가보다.

    청소년들은 편의에 따라 '아직 어린아이'가 되었다가, '다 큰 청년'이 되었다가 한다. 그들의 마음이 아이와 어른 사이에서 오락가락하는 것도 사실일 것이다. 그렇게 방황을 거듭하는 동안 시간은 흐르고, 원하든 원하지 않든 생물학적으로는 어른이 되어간다.
    어른이 된다는 것의 진짜 의미는 뭘까? 사전에서 '어른'의 의미를 찾아보니 1번 정의가 다음과 같다.

'다 자란 사람. 또는 다 자라서 자기 일에 책임을 질 수 있는 사람.'

생물학적으로도 성장이 완성되었으며, 사회적으로도 자기 일을 혼자 감당할 수 있어야 어른이라는 의미가 아닌가. 그렇다면 나는 과연 진정한 어른인가? 자신있게 대답하지 못하고 망설여지는 것을 보면 '진짜 어른' 되기가 말처럼 쉬운 일이 아니라는 생각이 든다.

〈순례주택〉
(유은실 글, 비룡소)

경제적 자립도 하지 못하고 철도 들지 않은 부모의 둘째로 태어난 중3 소녀 수림이는 유전자를 공유하는 가족들보다 돌아가신 외할아버지의 여친 순례 씨와 더 잘 맞는다. 외할아버지의 집을 점거해 살고 고모들에게까지 경제적 도움을 받는 한심한 1군(수림의 혈연 가족을 지칭함)들보다, 피 한 방울 안 섞였어도 진짜 어른의 모습을 삶으로 보여주며 자신을 진심으로 아껴주는 순례 씨가 더 의지가 되기 때문이다.

세신사 노릇 하며 물과 세제를 많이 써 왔으니, 남은 삶 동안 염색은 안 하겠다며 백발을 고수하는 ESG 실천가 순례 씨. 수림이 할아버지와 연인이었으나 동거는 하지 않았고, 전남편의 부정한 돈을 상속받은 아들보다 친손녀도 아닌 수림이를 '최측근'이라며 더 아끼는 순례 씨. 75세 나이에도 ○플릭스 드라마 '빨강머리앤'을 사랑하는 소녀 감성의 순례 씨. 나는 이 할머니에게서 '진짜 어른'의 모습을 발견했다.

순례 씨의 엉망진창 순례어와 수림이의 찰떡같은 통역에 웃다가, 1군들의 뻔뻔함에 열 내다가, 순례주택 입주민들 이야기에 감동하다 보면 순례 씨의 묵직한 질문이 독자들에게 날아온다.
"과연 어떤 사람이 진짜 어른인가?"

나는 과연 진짜 어른인가? 어른이 되려면 어떤 조건을 충족해야 할까? 자신 없는 마음으로 긴장하며 다음 문장을 읽어 내려가면 친절한 순례 씨의 따뜻한 대답이 큰 격려와 응원으로 다가온다.
"내 힘으로 살아 보려 애쓰는 사람"

일정 액수 이상의 월수입이 있어야 하는 것도, 국가공인자격증이 필요한 것도 아니다. 누구에게도 도움 받지 않고 오롯이 혼자서 다 감당해야 한다는 것도 아니다. 되든 안 되든 '자기 힘으로', '살아 보려고', '애쓰고 노력하는' 것만으로도 당신은 진짜 어른이 되어가고 있다고, 지금도 잘하고 있다고 어깨를 토닥여주는 것만 같다.

아이에서 어른으로 남들보다 속도는 느리지만 멈추지 않고 앞을 향해 나아가고 있는 우리 아이들에게도, 특별한 아이들을 키우며 끝없이 고군분투하고 있는 우리 부모님들에게도 순례 씨의 격려를 전해 주고 싶다.

누구보다 나 자신, 여전히 좋은 교사도 좋은 엄마도 못되어 매일 시행 착오를 겪고, 주변 많은 분들의 도움을 받으며 하루 하루 버티는 중이지만, 그래도 오늘은 어제보다 나은 사람이 되어 보려 발버둥 치고 있는 나에게 순례 씨라면 어떤 말을 들려줄지 상상 해본다.

"다들 애쓰고 있네. 그럼 된 거야. 자기 힘으로 해보려고 애쓰는 당신이야말로 이미 진짜 어른이야. 암, 그렇고말고."

| 평범한 내가 싫어!:
〈고요한 우연〉

어딜 가나 이런 애들이 한두 명은 꼭 있다. 공부도 잘하고, 예체능에도 뛰어나며, 외모도 출중한 넘사벽 캐릭터. 심지어 성격까지 좋으면 모두의 부러움을 사는 존재가 된다. 잘하는 것이 많은 이런 아이들은 여러 잘하는 분야 중 가장 좋아하는, 혹은 가장 전망 좋은 쪽으로 진로로 정할 것이다. 부모님과의 의견 충돌도 없다면 성적에 맞춰 희망하는 대학과 전공을 택하고 그 목표를 향해 흔들림 없이 달려갈 것이다.

하지만 이런 케이스들은 별로 흔치 않다. 대부분의 평범한 아이들은 특별히 잘하는 건 없지만 그렇다고 특별히 모자라지도 않은, '보통'의 범주에 속한다. 그렇다고 특별히 하고 싶은 것도 없고, 상위 대학으로 진학할 정도의 성적도 아니다. 이러한 중간 어딘가의 평범함이 참으로 애매해서 더욱 힘이 빠진다.

편마비 지체장애가 있지만 학교생활의 모든 영역에 최선을 다하는 모범생 재경이. 글씨도 예쁘게 쓰고, 그림 그리기도 좋아하는 아이. 평소 말없이 조용히 웃기만 해서 소심하고 마음도 여릴 것만 같지만 사실은 벌레도 맨손으로 잘 잡고, 무서운 놀이기구도 잘 타는 반전녀. 자신이 지닌 신체적 제약을 성실함과 꾸준함, 긍정적 에너지로 다 이겨 내는 매력만점 재경이. 그런 재경이와 3년을 함께 하면서 내가

그 아이에게 가르친 것보다 그 아이로부터 배우고 깨달은 것이 더 많은 것 같다.

남들 눈에 한 손만으로는 할 수 없을 것처럼 여겨지는 일들, 예를 들면 배드민턴, 탁구, 농구 등의 운동이나 가야금 연주 같은 활동도 재경이는 "괜찮아요. 할 수 있어요."라고 하며 정말 모두 해내곤 했다. 양손이 함께 해야 할 일을 아무렇지도 않게 왼손 하나로 다 해내는 재경이의 모습에서 자기 연민이나 포기 같은 말은 떠올릴 수 없었다. 흔히 하는 '운동신경이 없다.', '음악 재능이 없다.'라는 말들은 나약한 변명이며 하찮은 핑계라는 생각이 들었다.

여러 해에 걸쳐 꾸준히 노력해 그림 실력을 끌어올리는 재경이를 보며, '시작이 늦더라도 될 때까지 하겠다는 마음으로 덤빈다면 목표에 가까워질 수 있겠다'라는 생각도 하게 되었다.

그런 재경이와 낭독으로 함께 읽어 내려간 책이 참 많다. 특별히 여학생의 섬세한 감성이 드러나는 청소년 소설이나 고전문학 작품을 주 1회 일대일 낭독 수업을 진행하여 짧게는 두 달, 길게는 한 학기 이상 지속해서 읽어 나갔다. 그중의 한 권이 〈고요한 우연〉(김수빈, 문학동네) 이다.

〈고요한 우연〉은 생활의 많은 부분이 SNS에 걸쳐 있는 요즘 청소년들의 모습을 있는 그대로 잘 담고 있으며, 그들 자신도 명확히 인지하지 못하고 지나칠 미묘한 심리상태까지 매우 섬세하게 잘 표현한 수작이다.

등장인물들도 각기 다른 매력을 드러내고 있어 이 책을 드라마로 만들어도 재미있겠다는 이야기를 나눴다. 만약 그렇게 된다면 각 캐릭터를 어떤 아이돌이 맡는 것이 좋을지 재경이와 둘이 꽤 진지하게 캐스팅을 논의하다 마주 보며 크게 웃기도 했다.

〈고요한 우연〉
(김수빈 글, 문학동네)
문학동네청소년문학상 대상수상작

　〈고요한 우연〉은 다양한 소재를 다루고 있는 청소년 소설이다. 친구들 간의 우정과 이성에 대한 호감, 왕따, 괴롭힘, SNS의 익명성과 현실과의 괴리, 그리고 꿈과 자아를 찾는 고민까지 담아낸 이야기이니 말이다. 이 여러 가지 이야기가 아폴로 11호가 최초로 착륙한 지점인 '고요의 바다', 지구에선 볼 수 없는 달의 뒷면, 그리고 이곳을 탐사한 우주인 이야기 등과 겹쳐 여러 포인트에서 '우연히' 맞아 떨어진다.

　주인공 '수현'이는 누구의 눈에도 별처럼 반짝반짝 빛나 보이는 반장 '정후'를 좋아한다. 반면 너무 평범한 자기 자신은 시시하고 재미없게 느껴져 맘에 들지 않는다. 그래서 자신과 같은 '보통의 아이'는 어떤 미래를 꿈꿔야 할지 고민하고, 그대로 평범한 어른이 될까 봐 불안하다.

그러던 어느 날, 자신보다 더 존재감 없던 같은 반 남학생 '우연'에게 눈이 간다. 언젠가 꿈에서 보았던 그 얼굴에, 그 애의 그림에, 그 애 휴대전화에 보인 SNS 계정에 자꾸만 관심이 간다. 한편 같은 반의 '고요'는 얼굴도 예쁘고 공부도 잘하는 아이로, 딱 '정후'와 어울릴 법하다. 하지만 누구와도 친하게 지내지 않는 철벽녀 인 탓에 점차 아이들에게 시기와 질투의 대상이 되고, 결국 체육복 물폭탄, 책상 쓰레기 테러 등의 괴롭힘을 당한다.

수현이는 그렇게 자기 정체를 숨긴 채 고요, 우연, 정후의 SNS 절친이 된다. 수현이는 고요와 우연이를 더 알고 싶고, 돕고 싶지만 오프라인 상에서는 당당히 아이들 앞에 나설 자신이 없다. 수현이가 해줄 수 있는 건 괴롭힘 당하는 고요를 아이들 모르게 도와주는 것 뿐이다. 우연이가 아끼는 공원의 길고양이 아폴로를 돌봐주는 일 정도가 전부다.
　현실 속 친구들을 속이는 것 같아 괴롭지만 어쩔 수 없다. 왜냐하면 자신은 비밀 계정의 온라인 상 친구에 불과하니까. 친구들에게 어떻게 진실을 털어놓아야 할까?

"재경아, 〈고요한 우연〉 속 여러 등장인물 중에서 가장 마음이 가는 캐릭터는 누구야?"
"음… 저는… 수현이요."
"수현이? 왜?"
"왠지… 그냥, 저랑 좀 닮은 것 같아서요."

들고 보니 정말 그랬다. 재경이는 소설 속 '수현'처럼 겉으로 보기엔 조용하고 특별히 튀지 않는 편이라 누군가는 '평범한 아이'라고 여길지도 모른다. 하지만 나의 긍정은 다른 점에 있었다. 무엇이 옳고 무엇이 그른지 분명히 알고, 그 생각대로 행동하는 아이. 자신을 강하게 드러내지는 않지만, 옳은 일을 실천하고 남을 돕기 위해 조용히 손을 내미는 아이. 사실은 두렵고 겁이 나면서도 연약한 대상에게 자기의 것을 양보하고 내어주는 너무나 착한 아이. 약한 것 같지만 사실은 누구보다 강한 아이. 이런 점들에서 재경이와 수현이는 꽤 많이 닮아있었기 때문이다.

처음에는 눈에 띄지 않지만 알아갈수록 함께 있는 사람의 마음을 편안하게 해주는 친구, 사람에 대한 따뜻한 마음을 가진 아이라는 점도 비슷하다. 그런 친구는 시간이 지날수록 더 많은 사람을 끌어당기고 자기 자신도 더 굳건히 세워 나간다.

그렇다면 머지않아 수현이도 자기 자신이 어떤 능력이 있는지 인식하고 더 강해질 것이다. 닮은 꼴 재경이처럼 수현은 독보적인 따뜻함의 매력으로 주변에 많은 사람을 모여들게 하면서 자신만의 강점을 살려 미래를 열테니까. 평범하고 보통인 자신이 맘에 들지 않고, 미래가 두려운 모든 수현이들에게 이렇게 말해주고 싶다.

"친구들의 이야기에 진심으로 귀 기울이고 도움을 주려 애쓰는 너야말로 참 특별하고 빛나는 존재란다. 너처럼 착한 마음을 가진 '보통' 사람들이 있기에 여전히 살만한 세상인 게 아니겠니? 앞으로 더 반짝반짝 빛날 수현아."

낭독으로 고전까지 도전한다고? :
〈정글북〉, 〈빨강머리 앤〉, 〈톰 소여의 모험〉, 〈키다리 아저씨〉

"이런 책들을 진짜 특수학급 애들이 읽어요?"

이따금 우리 특수학급 교실에 다른 학교나 특수교육지원센터 등 외부 관련기관에서 손님이 오실 때가 있다. 여유 있게 도착하셔서 교실을 둘러보시게 되면 꼭 하시는 질문이다.

각 학교 특수교사의 성향에 따라 차이는 있지만 창작 그림책과 위인 동화, 수학 동화 정도는 특수학급에 흔히 있을 법한 책들이다. 하지만 나의 교실에는 이 외에도 그림보다 줄글 위주의 책들이 책장에 상당히 많이 꽂혀 있다. 90 페이지 전후의 어린이 창작동화를 시작으로 2~300 페이지 분량의 청소년 소설, 그리고 500 페이지 넘는 고전 작품까지 줄지어 책장을 채우고 있다.

"그럼요. 남학생들은 〈톰 소여의 모험〉 완역본을 다 읽고 〈정글북〉을 막 시작했고요, 여학생 한 명 역시 완역본으로 〈빨강머리 앤〉을 다 읽고, 〈키다리 아저씨〉로 넘어갔어요. 3년을 계속해서 저랑 같이 책을 읽다 보니 결국 여기까지 왔답니다."

그동안 어디 자랑할 데도 없어 나 혼자만 대견해하고 있던 터에 이때다 싶어 한껏 자랑을 늘어놓는다. 비장애 청소년들도 완역본 고전을 안

본 경우가 많을 것이다. 그런데 얇은 그림책 읽기도 어려울 것 같은 장애 학생들이 이렇게 페이지 수도 많고 읽어 내려가기도 쉽지 않은 책들을 처음부터 끝까지 다 읽는다는 것은 사실 웬만한 노력으로 해내기 어려운 일임은 분명하다.

그럼 도대체 어떻게 이 아이들과 벽돌책 고전을 완독할 수 있었을까? 역시 해답은 '낭독'이었다.

낭독으로 고전을 읽는다? 그렇게 많은 분량을 눈으로 읽어도 한참 걸릴 텐데 책 전체를 소리 내서 읽는다고? 왜 비효율적으로 이런 수업을 하는지 의아하게 여기는 분도 계실 것이고, 시간 낭비라고 생각하는 분도 계실 것이다.

하지만 앞서 밝혔듯이 느리게 학습하는 아이들은 빨리 읽는 것이 목표가 아니라 제대로 읽는 것이 목표이다. 시간이 오래 걸리더라도 자신의 눈과 손과 입과 귀로 읽고 다시 흡수하는 입체적인 방식으로 독서를 해야 내용을 이해하기 쉽다.

아이들과 고전 읽기에 도전할 마음을 먹고 나서 읽을 책을 선정하는 데 있어 몇 가지 내 나름의 기준을 세웠다.

첫째, 완역본 또는 그에 가까운 책일 것. 쉽게 쓰인 요약본을 읽힐 수도 있지만 아무래도 원작의 감동과 메시지를 충실히 전달하는 데는 완역에 가까운 책이 더 좋다. 어차피 소리 내서 천천히 읽으며 내용을 이해할 수 있는 여러 장치들을 사용할 계획이라면 큰맘 먹고 완역본에 도전해 보는 것도 좋을 것이다. 글밥과 페이지 수가 어느 정도 되는 창작 소설, 청소년 소설을 여러 권 읽어 온 아이들이라면, 이때쯤 어깨가 으쓱해질 만한 어려운 목표를 제시할 필요가 있다.

둘째, 아이들의 흥미와 관심을 끌 만한 삽화가 있는 책일 것. 완역본 책들은 삽화 역시 고전적인 경우가 많았고 종종 원작 초판 삽화가 실린 것도 있다. 초판 삽화의 역사적 의미도 중요하지만, 우리 아이들에게는 완역본의 지루함을 이겨내게 할 만큼 마음을 끄는 삽화와 매력적인 컬러의 표지 그림도 매우 중요하다.

셋째, 함께 읽는 어른도 흥미를 느낄 만한 책일 것. 아이들만 재미있게 느끼는 책이 아니라 고전 낭독을 함께 진행하는 교사 혹은 부모님에게도 재미있는 책이어야 장거리 레이스인 고전 낭독이 가능하다. 아무리 내용이 훌륭하고 교훈적인 고전이라도 내용이 지루하다면 인내심만으로 낭독을 이끌어 갈 수는 없는 노릇이다.

마지막으로 최종 결정을 하기 전에 후보 도서의 앞쪽 몇 페이지를 실제로 소리 내서 낭독해 볼 것. 이때는 인터넷 서점의 미리보기 기능을 이용하면 편리하다. 고전의 원문은 현학적인 고어들로 쓰인 것이 많고, 많은 경우 간결한 단문의 문장 대신 길고 복잡한 구조의 문장으로 서술되어 있다. 따라서 번역문 역시 쉽고 간결하지 않을 가능성이 높다. 그래도 비교해 보면 번역가의 솜씨에 따라 보다 더 소리 내서 읽기 좋고 이해하기도 쉽게 옮겨진 번역본이 따로 있다.

이렇게 고른 책이 '인디고 아름다운 고전 시리즈'와 '더모던 감성클래식'이였다. '인디고' 출판사의 책들은 이름 그대로 참 '아름다운' 일러스트 삽화로 독자들의 마음을 끈다. 마음이 말랑말랑해지게 만드는 예쁜 수채화 작품 느낌의 표지에 시선을 뺏기면, 본문 속 다음 삽화가 보고 싶고 궁금해져서 페이지를 계속 넘기게 된다. '더모던' 출판사의 책들은 현 4~50대들이 어린 시절 TV에서 한 번쯤 보았을 법한 애니메이션 원화를 삽화로 사용하고 있다. 아이들은 애니메이션 삽화에 흥미를 느끼고, 어른들은 그 시절 향수에 빠져 함께 책 속으로 빨려 들어간다.

〈정글북〉
(조지프 드 키플링 글,
김민지 그림, 정윤희 역, 인디고(글담))

"재경아, 앤이 지금 세 페이지째 혼자 떠들고 있는 거 맞지? 마릴라 아주머니 귀에서 피가 나지 않을까 걱정된다, 얘. 낭독하는 건 우린데, 왜 자꾸 앤의 속사포 랩이 음성지원 되는 거 같지?"
"크크크, 맞아요." - 빨강머리 앤 낭독 중

"와~ 대박! 지금 애들이 페인트칠 시켜달라고 줄 서서 부탁하는 거야? 하기 싫은 자기 일을 이렇게 해치울 수도 있다니! 톰 완전 천잰데?"

"역시 사람은 머리를 써야죠. 게다가 애들한테 대가를 받고 페인트칠 시켰잖아요. 사과, 연, 공깃돌… 근데 죽은 쥐는 왜 주는 거예요? 나라면 그건 안 받았을 텐데." - 톰 소여의 모험 낭독 중

"(낭독하던 중간에 멈추고) 아, 모야? 지금 리키티키가 코브라의 목을 먼저 물려고 타이밍 보는 거야? 오~ 두근두근해. 너희들도 손에 땀 나지 않니?"
"아, 선생님~! 멈추지 말고, 말하지 말고, 그냥 빨리 읽어요! 빨리!"
(이야기의 절정에서 멈추고 아이들이 이해하고 있는지 확인 질문을 하자 다음 내용이 궁금해 미치겠는 아이들이 오히려 내게 책 읽기를 재촉했다.) - 정글북 '리키-티키-타비' 낭독 중

고전을 낭독할 때는 교사나 부모님이 약간 과장되고 실감 나게, 엄청 흥미진진한 체하며 책의 앞부분을 이끌어 줄 필요가 있다. 재미있는 척 읽다 보면 자신도 모르게 이야기 흐름에 진짜로 빠져들어 가고 있음을 느끼게 된다. 고개를 들어보면 아이들 역시 나와 비슷한 표정이다. 역시 스토리의 힘은 위대하다.

학교에서는 다른 교과들도 지도해야 하기에 매주 한 시간만 고전 낭독 수업을 진행한다. 그러니 당연히 진도가 빠르게 나가지 않았다. 하지만 아이들과 함께 흥분하고, 감동하고, 웃다가, 훌쩍거리기를 반복하며 한 주 한 주 읽어가다 보면 결국 한 학기 또는 두 학기가 지나 300~500 페이지에 달하는 벽돌 책 한 권의 마지막 장을 덮는 날이

온다. 그 순간 아이들 얼굴에는 말로 다 표현할 수 없는 만족감과 뿌듯함이 가득하다.

아무나 읽기 어려운 고전 완역본을 완독하고 난 자의 벅찬 자기 효능감은 뒤이어 읽을 새로운 고전 도서를 소개할 때, 놀랍게도 다음과 같은 반응을 끌어낸다.

"좋아요. 그것도 한 번 도전 해보죠, 뭐. 근데 그건 어떤 이야기예요?"

> 🔊 소리 내서 읽어보세요
>
> "이게 뭐지? 왜 이러는 거야?
> …
> 바기라, 내가 죽는 거야?"
>
> "어린 형제, 그게 아니야. 이건 인간이 흘리는 눈물이라는 거야.
> 이제 알겠다.
> 네가 인간 아이가 아니라 어른이 다 된 인간이라는 것을."
> -〈정글북〉, 조지프 러디어드 키플링 저, 인디고, p56 중에서
>
> ‼️ 아이들과 고전 도서 낭독을 하게 되면
> 이런 깊이의 문장들을 만나게 됩니다.
> 슬픔의 눈물을 흘릴 줄 아는 사람은
> 이미 어른이 다 되었다는 의미군요.
> 아이들은 이 문장을 어떻게 받아들일까 궁금해집니다.

에필로그

에필로그

나와 너의 마음이 마주 보며 웃을 수 있기를

 몇 년 전, 아이들과 사자소학을 낭독하고 필사할 때였다. 사제(師弟) 편을 읽으면서 '선생'과 '제자'라는 글자가 나와서 아이들에게 질문을 던졌다.
 "'선생'은 '먼저 선'에, '날 생' 자를 써서 먼저 태어난 사람이라는 뜻이네? 학생을 가르치는 '선생님'은 먼저 태어난 사람이라는 말에서 나왔나 보다. 그럼 '제자(弟子)'는 왜 '아우 제' 자에, '아들 자' 자를 썼을까?"

 나 자신도 문득 궁금해져서 불쑥 던진 질문이었다. 얼른 답이 떠오르지 않아 검색도 해봤지만 어원에 대해 만족할 만한 해석을 찾지는 못했다. 2분 정도 지났을까. 까칠남 정훈이가 갑자기 놀라운 현답을 내놓았다.
 "혹시 아우처럼 친하게 지내고, 아들처럼 사랑해 주라는 뜻이 아닐까요?"

 순간 머릿속에서 '댕~'하고 종소리가 울렸다. 세상에, 생각지도 못한 대답이었다. 정훈이와 나는 서로 눈을 마주치며 대견함과 자랑스러움의 미소를 주고받았다.
 "와~ 정말 그렇구나! 아우처럼 친하게 지내고 아들처럼 사랑해야 하는 존재가 바로 '제자'인 거구나. 선생님이 너희들이랑 이렇게 친해지고 사랑하게 된 이유가 그거였구나. 선생님도 생각하지 못했던 의미를 찾아내다니, 우리 정훈이 천잰데?"

그렇구나. '선생'은 고작 '먼저 태어나 먼저 배운' 사람일 뿐이구나. 그 배운 것을 뒷세대 사람에게 가르쳐 전해 주는 것은 당연한 도리일 뿐 특별한 일도 아니니 누가 알아주길 바랄 것도 없는 것이로구나. 정훈이의 그 한마디가 나에게는 참으로 묵직하게, 큰 깨달음으로 다가와 이후로도 몇 번이나 곱씹어 생각하게 되었다. 오랜 시간이 지났어도 절대 잊히지 않는 장면이다.

'제자'라는 말의 진짜 어원이나 의미가 어떻든 그날부터 내 마음 사전의 '제자'는 '동생처럼 아껴주고, 자식처럼 사랑해야 할 존재'라는 뜻으로 기록되었다. 나는 이렇게 사랑스러운 '제자'들과 함께 앞으로도 계속해서 얼굴을 마주하고 소리 내서 책을 읽을 것이다. 서로의 마음을 나누고, 더 깊이 이해하며, 함께 웃을 것이다.

지난 17년간 '특수학급'이라는 공간에서 나의 스페셜한 제자들과 함께 여러 권의 책을 읽으며 참 많은 것을 깨닫고 느끼고 배웠다. 똑같은 책 한 권을 읽어도 아이들 각각의 마음에 피어나는 감정과 생각은 다 다르다. 그동안 함께 낭독하면서 아이들이 전해 준 감동과 지혜를 이 책 한 권에 다 담아내지 못하는 나의 필력이 참으로 부끄럽고 안타깝다. 하지만 앞으로 만나게 될 새로운 학생들과 또다시 읽어 내려갈 책들을 두근거리는 마음으로 기대하며 부족한 글을 마치려 한다.

쓰러졌던 나를 다시 일으켜 세우시고 텅 비었던 내 빈 잔을 채우사, 나이 서른에 '특별한 아이들을 가르치는 귀한 길'로 인도해 주신 하나님께 진심으로 감사드린다. 일하는 딸, 아내, 엄마를 응원해 준 부모님과 남편, 시율, 가율에게도 마음 깊이 감사를 전하고 싶다.

게으르고 글 못 쓰는 필자를 격려와 재촉으로 이끌어 결국 첫 책의 열매를 맺도록 물심양면 도와주신 열정솔뫼 김편선 선생님과 북인스토리 꿈동이 오정화 사장님, 글쓰기 러닝메이트 최영미님과 이율이님께도 이 책을 빌어 고마운 마음을 전한다.

마지막으로 부족한 선생님을 따라 함께 낭독하며 수많은 감동을 안겨준 별처럼 반짝이는 나의 '제자'들과 그 별들을 말로 할 수 없는 땀과 눈물로 키워내시는 훌륭하신 부모님들께 온 맘으로 감사와 응원의 박수를 보내드리고 싶다.

함께 쓰는 에필로그

'너를 안아주었던 품은 내가 아니라 책이 아니었을까.'
 이 문장을 처음 읽었을 때, 저는 조용히 고개를 끄덕였습니다.
한 아이의 마음에 빛을 비추고, 삶을 변화시킨 건 결국 한 권의 책이자, 그 책을 함께 읽어준 '선생님'이었기 때문입니다.

 1년 가까이 함께한 합평회에서 작가님께서는 늘 진심을 다해 글을 나눠주셨습니다. 그 원고들은 단지 글이 아니라, 아이와 눈 맞추려는 교사의 애씀과 포기하지 않으려는 의지, 함께 성장해 가는 사람의 따뜻한 시선으로 가득했습니다.

 책을 읽어주는 일, 낭독을 통해 마음을 여는 일은 단순한 활동이 아니라 관계의 회복이며 삶의 전환점이었습니다. 세은이의 변화는 그 자체로 하나의 기적이었습니다. 닫혀 있던 마음이 책 속 이야기로 열리고, 질문이 시작되며, 감정이 표현되고 아이가 다시 웃게 되기까지— 그 모든 과정이 이 책에 고스란히 담겨 있습니다.

 이 책은 교육 이야기를 넘어서, 사람과 사람이 연결되는 이야기입니다. 아이들과 진심으로 마주 앉아 눈높이를 맞추고, 삶의 언어로 대화를 건넨 한 교사의 기록이자, 책과 사람이 만나 꽃피운 변화의 기록입니다. 교사로서의 신념과 애정이 한 줄 한 줄에 담긴 이 책을 통해, 더 많은 이들이 책 읽기의 힘을 다시금 믿게 되기를 바랍니다.

작가님의 땀과 숨이 배인 이 책이 더 많은 이들의 마음에 닿아, 또 다른 마음을 품어주기를 바랍니다. 작가님의 따뜻한 눈길과 글이 오랫동안 많은 마음을 품어주기를 바라며, 함께 책장을 넘기던 그날들을 소중히 기억합니다.

2025년 여름
글벗 김편선 드림